老街誌

Old Street

張倫 著

推薦序

（依姓名筆劃排序）

一場蜿蜒鑽頭的浸泡徐行，是走訪台灣這些老街道的一抹趣味，這些景象像是塵封的美麗陶瓷，被每一位旅人觸碰後，發現它鮮豔而絲滑的質地與光澤。《老街誌》將帶著每個朋友，看見台灣的街道人情味，順向書本內字影和圖說，走著，停駐，走著……，在這些好所在蒐集各個悠然晴雨，保存你跟文化的火種苗，溫潤後再細細品嘗。

——**王繼維** **台青蕉樂團團長**

老街，城市裡老靈魂的匯集處，也是在地文明的縮影，美學大師蔣勳曾說：「戰爭侵略的文明往往只是一時，而文化影響的文明則世世代代都銘記在所有世人的生命生活裡」。

老街，是城市記憶裡的刻痕，是一股令人不想忘懷的味道，這份濃郁的古色古香，總瀰漫在街道上，向來來往往的人群，訴說著旅人不想忘記的過往以及曾經的輝煌。

不管是老行業、職人或是最深具特色的美食，往往在老街上隨處可覓。街上斑駁的老屋牆上是時光書寫的痕跡，剝落的瓦片則是一篇又一篇動人美麗的詩篇，更期待讀者可以放慢腳步，放空城市原本的喧囂，浪漫自己的心情，好好跟著書本中所寫的老街，來趟時光旅行。

——**吳漢恩** **奮起湖火車站站長**

有人說：「老街長得都差不多，賣的東西都一樣，很無聊。」真是這樣嗎？作者張倫，用平實卻細膩的文字描述、以精準卻溫暖的攝影紀錄，引領讀者走訪我國二十多處老街古聚落，去觀察田庄港市山城等聚落空間的時空脈絡，與宅第店屋廟宇等歷史建物的各擅勝場，去認識與那些村落市街密不可分的產業，去體會職人們的技藝與堅持。《老街誌》的時空與人文縱深，讓我們看見豐富多元又充滿活力的台灣！

——**林一宏**　**國立台灣博物館展示企劃組助理研究員**

老屋自己會找人。我是被新竹市北門街「周益記」召喚的周友達。五年來與大溪「源古本舖」古正君大姊，相互打氣要好好修回自宅，延續老屋的生活與生命，發光發熱，也就在古宅認識張倫，見識到她文字的深度和照片的溫度。

暑假剛從申遺滿十年的檳城見學回來，讚嘆一整個老城區的保存，回頭看台灣卻仍在老街老屋拆除重建與保存的泥沼中；而張倫筆下的《老街誌》剛好是此時此刻老街的時光切片，引領我們走讀左鄰右舍的模樣。推薦《老街誌》的同時，更期待下一回合的描述與比對。

——**周友達**　**新竹老屋「周益記」負責人**

台灣的建築歷史文化豐富而多元，但常常屈從於經濟開發，或偏執意識型態，橫遭破壞，幸賴文資各界的努力，搶救維護，雖倖存者十不及一，仍粲然可觀，彌足珍貴，值得吾人以包容之心，親訪探索，藉以認識史蹟源流；蓋不知過去，宛若失憶，而且全球交流，本於自我認同，立足台灣，才能放眼天下。此書廣泛踏勘各歷史街區，影像紀錄，徵文考獻，而其呈現，寓教於樂，筆調詼諧，賞心悅目，老少咸宜，實乃台灣的文資壯遊不可多得的優質指南。

——**邱博舜** 國立台北藝術大學建築與文化資產研究所副教授

這是一本引領人們探尋台灣及離島老街的著作，呈現了作者閱讀每一處老街空間後的獨特體驗見解，提示了另一種重新觀看身旁歷史街區的可能性，使人們得以再一次穿梭遊走於充滿歷史氛圍的場域裡，感受每一處老建築被時間刻畫沉澱後的身世厚度以及圍繞著的人事物語。書中沒有繽紛喧鬧色彩，不跟風趕流行，但文字節奏輕快內斂，圖片悅目且別具視角，每一篇都適合來回細細品味，是一本值得推薦的好書。

——**許勝發** 國立台北藝術大學建築與文化資產研究所助理教授

張倫和我是幼時鄰居，印象中她總文靜地看著我和他哥在屋外撒野，我一直沒搞懂那時她的小小心靈在想什麼？直到我們都已離鄉逾二十年，因成大攝影展重逢，我才驚覺原來攝影作家張倫就是我的鄰家小妹！有幸拜讀本書，跟著她清麗感性的文字與靜影沉璧般的影像，一同穿越古老街道，感受陽光刻劃歷史的輪廓，聆聽常民的勤奮與喧囂……，我想我終於懂了，在那雙明澈的眼睛背後，有著對於土地無比好奇的靈魂，衷心推薦您一同進行這趟旅程。

——**黃逸民**　台南一中美術教師、絕對空間藝術工作室共同創辦人

台灣的老街，給人的印象不脫大同小異、千篇一律，但是本書作者張倫就台灣二十幾處老街、舊聚落的歷史、地理、宗教、產業、工藝、飲食、特色……，做了翔實生動的踏查記錄。籌備數年後，終於出版《老街誌》，它不僅使讀者認識台灣的老街，更可以了解台灣的史蹟聚落與產業發展的脈絡，是一本具有人文厚度的旅遊書籍。

——**蔡亨潤**　北港工藝坊館長

作者序

不只是老街

人們對於老街的批評時有所聞：「老街都已經被觀光化、商業化，常只有修復好建築外觀，而缺乏實質文化內涵，販賣著假文創、復古玩具、千篇一律的夜市商品……。」聽在耳朵裡，總覺得有那麼一點不是滋味，「真的只有這樣嗎？」心疼老街被誤解，遂促成了寫作這本書的最大動機。

《老街誌》的任務是企圖挖掘那些老街之所以是老街，屬於原汁原味的文化內容，包括歷史記憶、建築特色、傳統產業、在地職人等，以及些許隨新時代演繹出的創意思考。

許多老街起源自河海港口聚落，藉由舟楫之利，將山林瑰寶、豐饒物產運銷至對岸及全世界，造就台灣各地世代迭起的繁華，因此，老街正是見證島嶼曾身處航海時代且遺留至今的重要歷史現場。

除了港口型聚落，還有隨著漢人初民移墾而聚街興庄的北埔、南屯、美濃；有出自政治軍略考量擘劃的台北城、金門城、媽宮城；更有凝結特殊產業風華的九份、苑裡、奮起湖……，每條老街的身世來由不一，各自燦放截然不同的歷史風采。

老街保存活化，有形或無形文化資產的重要性不分軒輊。有形如古蹟、聚落建築群、文化景觀等；無形如民俗、工藝、傳統表演藝術等，而後者在近年來的消逝速度特別快，令人心驚！這也是為什麼《老街誌》與以往類似主題的書籍不同，特闢「訪職人」單元之因，意在記錄地方產業的職人身影。

寫作《老街誌》好比一場看不見盡頭的馬拉松。由於涵蓋文史範圍廣闊，數百字簡約撰文往往從大量地方誌及文獻資料消化而來，務求探本溯源盡可能貼近史實；許多傳統工序講究符合季節時令，採訪職人常不是單次造訪即能完成；加上老街景物時有變遷、個人對於影像要求一再重拍，二十三條老街與舊聚落、五十位特色產業職人，竟費時二年餘，造訪頻次不可勝數。

本書能順利付梓，特別感謝諸多貴人贊翼：好友林佳穎、葉曉穎、許芷婷等張羅交通住宿，研究所師長邱博舜、許勝發及林一宏博士等多位文資前輩撰序推薦，攝影同好張經岳等補足闕漏照片，前同事張沛然、黃姿瑋熱心義務校對，以及出版社編輯的包容與辛勞。若沒有你們鼎力支持，本書勢必難以盡善盡美。

有人說，台灣最美的風景是「人」；走過老街，我的詮釋多了一個字：台灣最美的風景是「人文」。深入老街走進歷史記憶的脈絡，毋寧是撫觸土地文化、追溯自身起源的開端。

張倫　2018.09.01

目錄 index

北

台北

城內舊街

穿梭百年首府城

Route 01

國立台灣博物館土銀展示館的柱廊。

北門，清末時城內人民由此出城前往大稻埕，日軍亦由此進入台北府城。數年後日本政府陸續拆毀台北城牆，留下東門、南門、小南門及北門四座城門，其中僅餘北門逃過國民政府的整建而保留清代原貌。

步出台北火車站正門口，往左望去，一〇一大樓直竄天際，沒入雲煙繚繞；再往右看去，北門一帶的歷史建築雍容靜定，煥發走過歲月的古樸澄輝。有人說過：「一個城市的偉大不在於它建築物的高度，而在於歷史的深度」，在我佇立的位置左顧與右盼，恰恰形成高度與深度的對比，也道盡了台北城一百多年來的繁華嬗遞。

台北城郭於清光緒十年（一八八四）竣工，於此刻起，「台北府城」這一個名詞便在歷史舞台上堂皇登場，與住民起居重疊密合，刻寫入世世代代的生活紋理。只是歷史總是充滿諷刺，固若金湯的城郭雄踞台北僅短短十一載，日軍便經由北門不費一兵一卒輕易入城。

二〇一七年除夕夜，北門終於擺脫高架橋多年纏縛，不但是台北唯一留存原始形貌的城門，還與兩旁日治時期興建的北門郵局和台灣總督府鐵道部，串連成一塊炫目迷人的古蹟金三角，讓沉睡已久的府城舊街區再度熱絡起來。

封閉式碉堡的北門城樓透露莊嚴肅穆之感，城門題字「承恩門」金漆燦然，遙遙呼應踞坐北方的大清政權。透過拱門凝睇，縱深綿延的街衢人車川流不息，此情此景也許和百年前販夫走卒熙來攘往的喧鬧相去不遠……

1. 台北郵局北門分局，曾綜理全台郵政業務。
2. 撫台街洋樓，日治時期建築營造商高石組的辦公室，是城內少數的日治時代商用建築古蹟。

北門兩旁各有日治時期興建的北門郵局和台灣總督府鐵道部，短短的兩百公尺範圍內串連成一塊古蹟金三角。北門郵局闊長的牆面於街道迤邐鋪展，氣派非凡，創設初時曾統御全台郵政電信業務。每每舉目觀望西洋古典式樣的雙圓柱與拱形立窗，總會萌生置身歐洲街頭的錯覺。

進入鐵道部站上二樓露台，這裡原本是交通局人員監看火車行駛的展望點。放任思緒馳騁，蒸汽火車「嗚嗚——嘁洽嘁洽——」的運轉聲響，彷彿由遠而近漸漸傳來，駛入眼前早已消逝的鐵道線……

穿過北門往南移步，延平南路上有間獨棟古老洋樓洋溢著濃濃的歐陸風情，既然鄰近鼎鼎大名的「台北相機街」商圈，這裡也以舉辦攝影展覽為主軸。浸淫於大師們靈光閃現的影像世界裡，足以讓攝影愛好者愉悅地消磨悠長的午後時光。

往東來到重慶南路一段，即可抵達書蟲樂園。二戰後，這條街道有許多大陸遷台的出版社與書商陸續開業而成為著名書街，全盛時期達一百多家，如今放眼望去仍有十幾間大小書店屹立。

1. 明星咖啡以俄羅斯風情的餐飲聞名，早期成為台灣許多藝文人士的交流場所。
2. 台灣博物館，羅馬萬神殿的穹隆圓頂與希臘神殿式柱列構築成磅礡外觀。
3. 土銀原為勸業銀行，高大列柱富堅實穩重感，強化人民對金融體系的信心。

沉醉咖啡時光的文青們，怎能不去文壇前輩最愛流連的「明星咖啡」朝聖！武昌街上鮮黃明亮的雙棟洋房裡，陳映真、王禎和、三毛等數不盡的知名文人，多少巨著就在一杯杯咖啡濃香的催化下遍地開花。來到這裡，窩進不知道哪位大作家坐過的舊式卡座沙發，點杯俄羅斯咖啡再攤開一本六〇年代的經典作品，在舊時氤氳的包圍下與當代文學心靈相會，這是我私心推薦品嘗明星咖啡的方式。

如果你是渴望上知天文、下知地理的博物館迷，那麼襄陽路的台灣博物館和土銀展示館，一定可以讓你大呼過癮！日本大正時期落成的台灣博物館，穹隆圓頂與龐然巨柱構築成雄渾磅礡的外觀，內部則羅列台灣、華南及南洋訪獵得來的珍奇藏品，處處可見太陽帝國冉冉上升中的氣驕志滿。

裡外壁飾紋樣噴吐馬雅情調的土銀展示館，曾是日本勸業銀行台北支店，勸業有「促進產業」之意。在偌大的金庫裡上下鑽動，審視從一九三三年設立以來推動經濟的各項文物，台灣現代化金融發展那段走過草萊的初創歲月仍歷歷在目。

1. 小說裡蓮花池的血豔紅蓮早已不再怒放，只剩鳥雀仍在八角亭上吱喳跳躍。
2. 公園號酸梅湯寓居的仿巴洛克風格街屋。
3. 公園旁的台大醫院舊館雖屬醫療空間，因建築恢弘華美，成為中外旅客喜愛留念的古蹟景點。
4. 鄰近的台北賓館，原為日治時期台灣總督官邸，以華貴氣派的建築風格著稱。

若屬重度文學愛好者，不妨越過博物館進入二二八公園，這個曾經被喚作「新公園」的城市桃花源，成了作家白先勇撼動人心之作《孽子》的場景。小說裡，同志族群不被認可的絕望處境，與島嶼政治孤立游離的悲情命運，在書中常見隱喻般地互為投映。

漫步於百年歲月的古老公園內，四處散落附近因都市開發轉徙而來的各朝文物：銅像、牌坊、火車頭、紀念碑……，唐突的錯置頗讓人感覺摸不著頭緒——或許，就當這裡是一個神奇的時光展覽場吧！各個時代的斷塊殘片各據一隅，在隔絕塵寰的角落裡，對著無邊岑寂傾吐它們的故事。

走到最後一站也該口乾了，來到外邊的公園號歇歇腿，喝杯生津止渴的酸梅湯。這家小店創立將近五十年，棲身於日本時代的仿巴洛克式牌樓厝。翻開朱天心寫於七〇年代的成長小說《擊壤歌》，鄰近北一女的公園號是學生下課後的例行去處，這小小一杯的酸甜滋味，早已滲入許多老台北人的青澀記憶中。

揀個板凳坐下，細啜杯中金芒蕩漾的汁液，回味這一天裡每個駐足的片刻，然後，你也可以宣稱自己是名台北文青了。

日治時期設置的台北公園，在改朝換代之後成了二二八和平紀念公園。

1. 台博館展示企劃組林一宏老師在導覽活動中為民眾講解鐵道部的修復過程。
2. 門窗修復成淡綠色，是參考日治時期車廂內部的標準色與之前剝落的油漆。

古蹟活化

擁有紅磚拱圈、雪白柱列和蘋果綠門窗的台灣鐵道部舊廳舍，外觀洋溢活潑歐陸風情，難怪自北門拆除高架橋的束縛後，鄰近的它馬上成了人們感到高度興趣的焦點。

然而，鐵道部園區的重要性遠遠超過它討喜親人的外表。任職於台博館的林一宏老師說明，「這裡留有代表近代工廠的十九世紀清代機器局遺構，從今天角度來看就是台灣第一個科學園區；加上扮演二十世紀日治時期台灣鐵道行政中樞，整個基地儼然是台灣從傳統邁向現代化的起點。」

林一宏自研究所時期就和鐵道部結下不解之緣，當時他為老師的調查拍攝記錄園區，二十幾年後又重回現場，督導修復活化工程、策展企劃以及導覽解說。

在導覽活動中，他常常被民眾的參與熱情所感動，「很高興這樣一個本來象徵威權體制的官方廳舍，經過活化後變成大家都可以進來欣賞的空間——其實這就是古蹟修復最核心的概念，因為，古蹟本來就是人民共同擁有的文化資產！」

國立台灣博物館鐵道部園區
台北市大同區延平北路一段 1 號　02-23113731

1. 總督府台灣鐵道部舊廳舍由日本技師森山松之助設計，1918～1920 年建，採用英國磚木混合構造樣式風格，中央部分圓弧形開拱圈、山牆與大凸窗是視覺焦點，並於左右置列柱、設衛塔，增添華麗氣勢。
2. 入口門廳富於典雅美感，令人對 1920 年代達官貴人送往迎來的景況浮想聯翩。
3. 屋頂內部供維修用的貓道。
4. 園區內磚造一層樓的八角形男廁，以洗石子模仿石造效果。
5. 後方的防空洞身負戰時指揮中心功能，圓形室內空間備有台灣鐵路路線圖。

map

台北　城內舊街

老街範圍

台北城約為中山南路、愛國西路、中華路、忠孝西路等四條馬路圍起的區域。

如何到達

搭乘台北捷運至台北車站、北門站或台大醫院站。

悠遊方式

騎乘 U-Bike 或步行。

市民大道高架
塔城街
延平北路
捷運北門站
鐵道部文化園區
忠孝西路
北門
台北北門郵局
鄭記豬腳飯
撫臺街洋樓
重慶南路一段
延平南路
開封街一段
台北相機街
西寧南路
漢口街一段
武昌街二段
武昌街一段
明星咖啡
中華路一段
西陽街
博愛路
中山堂
秀山街
重慶南路書街
成都路
衡陽路
漢中街
台灣銀行
寶慶路
桃源街
長沙街一段
最高法院
總統府
西寧南路
貴陽街一段
延平南路
重慶南路一段
博愛路
小南門
愛國西路

台北

艋舺老街

台北第一古市街

Route 02

艋舺清水巖祖師爺廟內部磚雕。

1. 清水巖祖師爺廟於「頂下郊拚」被焚毀重建後，是台北唯一保持清同治年間原貌的寺廟，前幾年成為電影《艋舺》的主要拍攝場景。
2. 從祖師爺廟後方可望見不遠處的艋舺教會，兩大宗教建築恰可為艋舺剽悍民風做見證。

「艋舺」這一地名，完全體現了族群歷史與地理特色，甚至，還隱約透露開拓時期剛強勇武的榛莽氣息。十七世紀末此地原為平埔族紗帽廚社聚落，清康熙年間泉州移民進入開墾，見到平埔族駕獨木舟前來交易，故以其族語所稱的小舟「Mankah」譯為艋舺當作市集名稱，久而久之變成地名。雖然日治時期日人認為不雅轉音易名「萬華」，在地閩語族群至今仍習稱舊名。

艋舺素以民風剽悍見稱，有兩件與在地宗教建築有關的事蹟可資佐證。其一是清咸豐三年（一八五三）艋舺發生「頂下郊拚」（註），安溪人信奉的艋舺清水巖祖師廟因處於頂下郊之間，竟被頂郊群眾作為械鬥攻路而焚毀。想不到下郊民眾逃往大稻埕，反而因禍得福建立起取代艋舺的大商埠。

其二是馬偕牧師於一八七〇年代進入艋舺興建教堂，當地民風仇洋一再大肆破壞，馬偕也不放死心地一再重建，甚至揚言：「你們若是拆毀這座教堂，將會有比本地廟宇更高的教堂在原地重建。」第三次建堂後，恰好艋舺出了三位秀才，在地人歸功於教堂尖塔的風水助力，於是博得民心順利布教。如今，教堂經多次擴建已非昔貌，只能憑舊圖驚嘆那高聳的哥德風尖塔奇景。

註　頂下郊拚：以大陸晉江、惠安、南安移民為主的頂郊，與以同安移民為主的下郊，因爭奪地盤利益而爆發械鬥。

艋舺位於淡水河沿岸，大漢溪與新店溪的匯聚處，咸豐年間，由於扼守水路要衝而位居台北盆地最大貨物集散地。艋舺最早形成的街道「番薯市」在今日的貴陽街與華西街交會處，以當時漢人與平埔族最大量交易物番薯為名，是台北第一古市街。

康定路、廣州街及昆明街所包圍的街區舊稱為剝皮寮，開發至今已兩百多年，融合了清代商店街廓和日治時期牌樓厝風貌，走一趟剝皮寮宛如走過艋舺的歷史軸線。

清朝年間的漢人移民若有病痛，會到龍山寺拜拜求賜藥籤，再跟廟前俗稱「赤腳仙仔」的青草攤販抓藥材。爾後青草攤販在寺旁的西昌路二二四巷聚集結市，「青草巷」之名不脛而走。

萬華車站前的大理街，自民國四、五〇年代起便是全台批發成衣大本營的「艋舺服飾商圈」。挑完衣服鞋帽，來到鄰近的星巴克艋舺門市小歇，這棟老屋原為市定古蹟「萬華林宅」，裡裡外外噴吐著高貴華美的氣息。

舊街區裡的老食肆當能表現一個地方的飲食精華，東三水街市場猶如大台北的美食角力場，嘗完小吃再往內繞進新富町文化市場，這裡是文青最愛逗留的新興景點。

這樣的艋舺老街巡禮，同時滿足了身體與心靈的多重渴望，不啻是一場完美的旅遊饗宴。

貴陽街二段：

1. 艋舺青山宮每年農曆十月的青山王祭典被稱為「艋舺大拜拜」，熱鬧盛大。
2. 協記藥鋪是歷史悠久的老藥行，店史起於百年前的大陸福建。
3. 西園路口的古蹟朝北醫院為轉角六開間二層樓建築，萬華名西醫李朝北曾在此開設醫院。
4. 西昌街口一排紅磚牌樓厝尚留存舊貌，老明玉香舖已開業百年。

剝皮寮歷史街區及周邊：

1.、2. 剝皮寮街區北側是清代傳統街屋，南側則是日治時期西式牌樓厝。

3. 康定路上 163 ～ 171 號（圖左側）在清代時是經營商船貿易的的永興亭船頭行，與大陸泉州、漳州往來貿易建築材料。

4. 萬華龍山寺建於 1738 年，是在地信仰中心和郊商辦公議事之處，也使艋舺市街發展從河岸往內陸延伸。

5. 步入寺旁的青草巷，濃郁青草香味撲鼻而來。

1. 新富市場是日治昭和十年建成的公有市場，洗石子外牆襯以水平飾線，風格簡潔明快。
2. 中央馬蹄形天井具採光與通風的實用功能富現代主義的味道。
3. 東三水街市場裡屹立數十年的美味老店比比皆是。
4. 廣州街上的仁濟醫院，原本是由板橋林家在清朝年間設立的窮民救助機構，日治時期成為台灣首間精神病患監護專業機構。
5. 台灣第一座觀光夜市在華西街，以蛇肉料理聞名的「蛇街」封號走入歷史後，仍有許多懷舊小吃。
6. 萬華林宅以台灣煉瓦株式會社出品的一級紅磚配搭仿巴洛克雕花裝飾，低調中難掩貴氣。

傳統草藥依成品可分成新鮮和乾燥兩類，德安的草藥七成來自專業栽種，三成在三芝、石門等一帶內山採摘。

抓青草

龍山寺是艋舺的信仰中心，許多行業依附在其庇蔭之下而興盛熱絡，與寺院僅一牆之隔的青草巷即是一例。清朝年間漢人進入艋舺墾荒，常有水土不服或遇瘴癘之氣而產生病痛，患者往往先至龍山寺捻香祝禱，祈求神明賜示藥籤，再請寺旁的青草攤販「拆藥仔」。

清末民初時，一位簡姓攤販在鄰巷裡開設德安青草店，成為青草街之濫觴。第三代簡宜賢從十七歲開始入行學習，至今二十三年。據他分析，每家青草店的產品大同小異，德安藉由阿公傳下來的獨特配方、父親打下的基礎，在競爭激烈的青草街站穩了陣腳。

對他來說傳承是再自然不過的選擇，「傳統行業就是要有人維持，雖然市場萎縮，也可以思考轉型啊。」在他的規劃下，推出養生茶包、現飲杯以及經營網路銷售，希望青草藥仔能與時俱進，繼續為緩解現代人的病痛服務。

德安青草店
台北市西昌街 224 巷 11 號　02-23085549

唐衫製作步驟：設計、選布、打版、裁切布片、打樣、試穿、修改、定尺寸、定顏色、縫製、縫扣、整燙。

唐衫訂製

九段工坊的前身是九段服飾行，由現任經營者林家聰先生的父親於一九七三年創立，林爸爸從十三歲起便學做衣服，結婚後創業，迎向艋舺服飾圈的黃金年代。

但這十幾年來，服飾圈裡的商家開始放棄製造，直接批來陸製品做削價競爭。這幾年，電子商務又造成更大衝擊，上網購物方便快捷，不思進步的實體店面根本難以抵擋網路潮流。

林家聰向父親學習唐裝技術，承接家業至今十七年。他認為，九段工坊追求精緻化、風格化的取向，會來的都是重視品質的熟客，或看過臉書專頁產生興趣的客人，正好避開這些惡性競爭。再者，唐裝必須看得見、摸得著、現場試穿調整，才能真正滿意，所以生意不致受網路影響。

林家聰穿著白棉織布唐裝配上一般的卡其短褲和球鞋，看起來很自然又不造作。他分享設計理念：「做實穿、好搭配的唐衫，讓人不用特地想搭配什麼上衣或褲子，也不用刻意穿整套，說穿了，就是生活化。」

九段工坊

台北市和平西路三段 102 號 2F　02-23025841、0932-027722

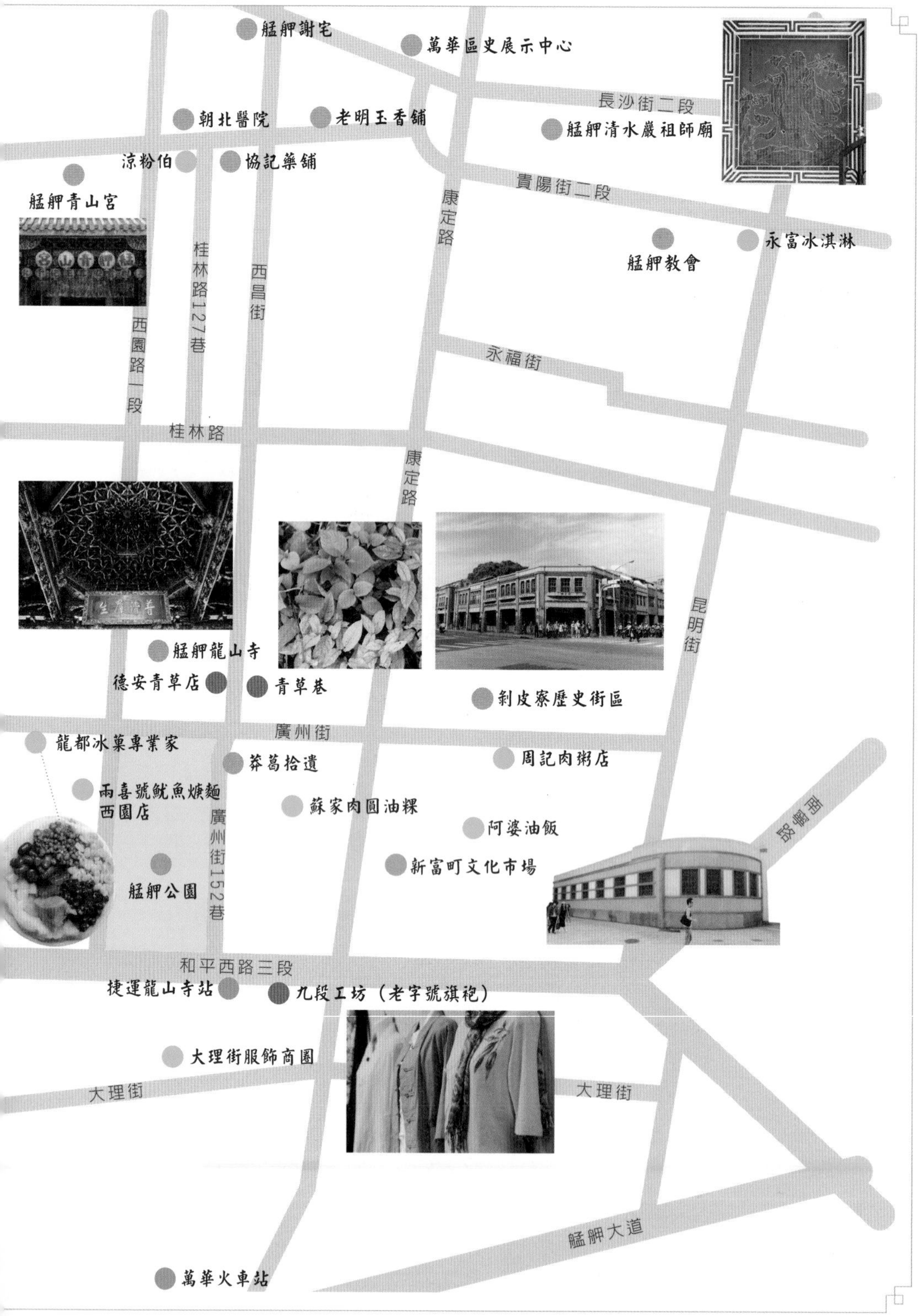
艋舺謝宅
萬華區史展示中心
長沙街二段
朝北醫院
老明玉香舖
艋舺清水巖祖師廟
涼粉伯
協記藥舖
艋舺青山宮
貴陽街二段
康定路
艋舺教會
永富冰淇淋
桂林路127巷
西昌街
西園路一段
永福街
桂林路
康定路
昆明街
艋舺龍山寺
德安青草店
青草巷
剝皮寮歷史街區
廣州街
龍都冰菓專業家
莽葛拾遺
周記肉粥店
兩喜號魷魚焿麵
西園店
蘇家肉圓油粿
阿婆油飯
廣州街152巷
艋舺公園
新富町文化市場
南寧路
和平西路三段
捷運龍山寺站
九段工坊（老字號旗袍）
大理街服飾商圈
大理街
大理街
艋舺大道
萬華火車站

map

台北　艋舺老街

老街範圍

貴陽街二段、桂林路、西園路一段、西昌街、和平西路、大理街、廣州街、康定路、東園街、西昌路二二四巷。

如何到達

1. 搭乘台鐵至萬華火車站。
2. 搭乘台北捷運板南線至龍山寺站。

悠遊方式

步行，火車站、捷運站亦可租借 U-Bike。

台北

大稻埕

世紀風騷文化頭

Route 03

大稻埕迪化街上最著名的地標——屈臣氏大藥房。

1. 大稻埕位於台北府城北方的淡水河畔，因淡水開港、艋舺淤積、洋行貿易，成為北部最繁華的集散中心與港口。
2. 霞海城隍爺隨著奔逃的同安人來到大稻埕，百年來給予地方信眾安定力量。

好萊塢電影《大亨小傳》中，一九二〇年代紐約富豪夜夜歌舞的豪奢景象令人心搖神馳，而最適合上演台灣版的舞台場景，絕對非大稻埕莫屬！

大稻埕，在清朝中期以前原本只是淡水河畔一隅曬穀之地，平埔奇武族社與少數漢人共享的居處，直至一八五一年始有移民林藍田開設首間店舖，一八五三年聚落南方的艋舺發生「頂下郊拚」事件，戰敗奔逃的同安人轉來這裡落腳，開店結市。

誰能逆料，一八六〇年淡水正式開港後，原先敗走的同安族群像是抽到大富翁遊戲裡的機會牌般奇蹟翻身，大稻埕取代因河口淤積、居民排外而沒落的艋舺，迅速成為全球茶葉貿易市場的要角，也是現今台灣許多知名企業的發源地。

日治時期，貴德街上洋行麇集、亭仔腳茶香裊裊；延平北路酒家、劇院弦歌不輟，創辦台灣文化協會的蔣渭水在此和同志議論時政；迪化街店家忙碌的身影穿梭在南北貨、中藥和布匹等琳瑯商品間，大稻埕帶領台灣邁向經濟、社會和文化蓬勃發展的繁華新世紀。

這幾年來，每逢十月街上的「一九二〇變裝遊行」人山人海，淑女身著旗袍和服、男士穿戴禮帽紳裝，彷彿復刻百年前文青樣貌，老城區從未凋零，一幕幕文藝復興的精采好戲正輪番登場！

迪化街是大稻埕最古老的市街。

一般人想到大稻埕第一印象是迪化街，但大稻埕的範圍其實可擴及北至大橋頭捷運站，南至北門捷運站，東到重慶北路，西臨淡水河，日治時期在市井庶民的汲汲經營下，建構出與台北城內大和風情截然不同的「本島人市街」。

步出大橋頭捷運站接往迪化街，北段民權西路至歸綏街之間成排清代商店街屹立，間雜燈籠、餅店、農具、碾米廠、油行等數十年老行業，最富傳統民生風情。

中段歸綏街至民生西路口是迪化街繁華的起點，同安人領袖林右藻創設的「林復振商行」營業至今百餘年，街上奇偉壯觀的西式牌樓厝一路鋪陳，也是香菇、干貝、堅果等南北貨的批發零售重鎮。

迪化街南段為民生西路至南京西路口，此處洋樓店鋪的立面風格多元並陳，爭奇鬥妍，是中藥店的集中地帶，尤以乾元蔘藥行歷史最久。越過地區信仰中心霞海城隍廟，永樂市場與周邊街巷聚集無數布商，許多知名紡織業鉅子就從這裡發跡。

1

2

3

4

迪化街北段，民權西路至歸綏街間：

1. 清代紅磚拱樓店舖，具有女兒牆、拱型窗、亭仔腳、連棟式等建築結構特色。
2. 、3. 老綿成燈籠、進成魚丸店、李亭香餅店、新慶利碾米廠、永興農具工廠、林豐益商行、高建桶店等老店仍在運作。
4. 建於 1962 年的廣和堂藥舖，列為歷史建築後由私人承購開設「迪化 207 博物館」。

迪化街中段，歸綏街至民生西路間：

1. 仿巴洛克式、現代主義式的建築立面邐迤不絕。
2. 亭仔腳被店家作為延伸的商業空間。
3. 林五湖祖厝，為林藍田建於清咸豐元年（ 1853 ）的大稻埕首間店屋。
4. 怡和泰商行，日文拼音「 IWATAI 」動章飾與獸首飾為簡潔的黃色面磚增添美感。
5. 民生路口建築，橫向連續拱窗富有韻律，亦是中藥、南北貨店家聚集地帶。

1

2

3

4

5

迪化街南段，民生西路至南京西路間：

1. 乾元蔘藥行是迪化街上現存最老字號的中藥舖。
2. 現今迪化街多為中藥行兼賣南北貨，純南北貨店日漸稀少。
3. 屈臣氏大藥房，日治時期本為進口西藥的批發商，建築曾遭火噬後修復，立面的雙龍伴塔標誌鮮明獨特，現有許多文創品牌進駐。

4.、5. 永樂市場及其周圍，布莊、服裝材料行高度集中。

歸綏街、貴德街：

1. 日治時代的官鹽賣捌總館，由富商辜顯榮興建，掌管全台鹽務，現為榮星幼兒園。
2. 淡水河畔貴德街上的陳天來故居，彷彿可以想像這位一代茶業大亨站在樓上陽台俯瞰商船進港，顧盼自雄的模樣。
3. 貴德街在日治時期是洋行、茶商密集區，為了防範淡水河氾濫，房屋台基皆高出地面數階。
4. 莊協發的木造門窗和竹節落水管幽幽訴說老派風華。
5. 李春生紀念教會，李春生因接觸基督教學習英文、從事貿易而致富。

踅往淡水河畔，日治時期大稻埕三大鉅富的烜赫事跡猶存。歸綏街巷內融合西洋和閩式的辜顯榮宅，曾作為獨攬全台鹽務的官鹽賣捌總館；往南接貴德街，凸窗塔樓的陳天來宅昂然矗立，這座宅邸也是日本親王訪台必臨的錦記茶行；李春生紀念教會則訴說這位一代茶商從信教受洗到貿易致富的傳奇故事；對面的莊協發港町文史講亭，是台北市第一處古蹟簽仔店；寫出台灣經典歌謠「望春風」、「四季紅」的李臨秋，故居就位於莊協發旁鄰。

延平北路一帶堪稱台灣近代文化運動興起的重要軸線，酒家、書店、百貨、劇院、餐廳紛立，讓許多政商名流與文人雅士流連忘返，在政治、社交、藝文、物質各個面向，激發人們破舊立新的時代意識。

涼州街、延平北路二段、保安街、重慶北路二段所迴合成的街廓不大，卻相當有意思。這裡有大稻埕三大廟之一、供奉媽祖的慈聖宮，可惜已遷離河口碼頭前的原址，保護航海安全的精神隨之淡化；台灣基督長老教會大稻埕教會，左右兩門供男女分別進入，可見當時保守風氣；保安街上的葉金塗宅、順天外科醫院都有咖啡店進駐再利用老屋空間。

1

2

3

4

5

延平北路、民生西路：

1. 延平北路與民生西路口附近的波麗路成立於 1934 年，是台灣最老西餐廳。
2. 波麗露斜對面的新芳春茶行，1934 年茶商王連河建造，現為大稻埕茶文化展示館。
3. URS27W 城市影像實驗室，日治時期發記茶行所在，也再利用為大稻埕文史活動空間。
4. 森高砂咖啡館原址為維特咖啡館，是台灣人開設的首家咖啡店。
5. 1970 年大千百貨風光開幕，被稱為台灣本土百貨商場鼻祖。

涼州街、延平北路二段、保安街、重慶北路二段圍成的街廓：

1. 慈聖宮廟前的老牌小吃攤，提供最道地的大稻埕庶民美食。
2. 林華泰茶行，為台北最老茶行之一，可入內觀賞特別的茶行建築格局。
3. 台灣基督長老教會大稻埕教會，採用清水紅磚砌成，立面的捲草泥塑裝飾繁複細緻。
4. 葉金塗宅記錄 1920 年代鳳梨貿易富商的傳奇，現為連鎖咖啡品牌。
5. 屋齡 70 的順天外科醫院，經修復活化後亦有咖啡店進駐。

林兆剛傳承家族歷史，卸下高速運轉的高鐵工程師職涯，投入慢速樂活的老店經營。

南北貨販賣

翻閱大稻埕開發史，郊商總長林右藻功不可沒。清咸豐年間，他率領同安人來此聚居發展，自己也率先開設三家店鋪交易兩岸南北貨，其中「復振商行」持續經營至今一百六十五年，不但是全台北現存最老店家，且始終位於迪化街中段原址。

家族第五代的林兆剛，力主所有產品都經過合格檢驗，並誠實告知產地以供客人選擇，他坦然直陳：「老實講，做南北貨無法說有什麼特色，只因為我們店比較老，有挑選貨品和供應商的多年經驗，就有責任去賣好產品，不能砸了這塊招牌。」

像高雄茄萣的野生烏魚子、雲林炒花生等，大部分供貨商已經合作三代至今，雙方從尋找食材來源、加工製作技術到辨認食品好壞與新鮮度，都非常倚靠從業以來長年累積的專業度。

客人不會看見是老店就買單，卻往往因為認定品質而回流，林兆剛所珍惜的老經驗，何嘗不是老店最足以傲人的寶貴資產。

林復振商行

台北市大同區迪化街一段 105 號　02-25576409、02-25575988

玉鳳旗袍隱身在小巷裡，真的要「巷仔內的人」才會發現陳忠信師傅功夫的高深。

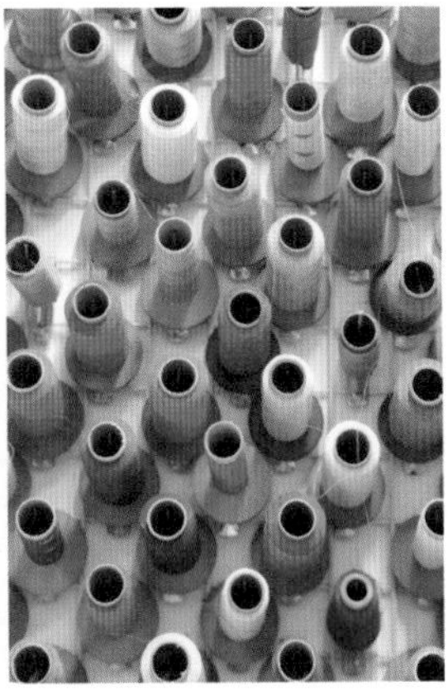

旗袍訂製

這些年，陳忠信師傅在服裝界風光十足，不但為侯孝賢導演製作電影《海上花》、《聶隱娘》的戲服，和設計團隊一起獲得金馬獎最佳服裝的殊榮，甚至連國際大導馬丁史柯西斯的《沉默》也聞風而來。

有誰知道在得意的背後，陳師傅也捱過一段慘澹經營的歲月。他本是服裝世家出身，從外公、父母到太太，都和裁縫活脫離不了干係，獨立開業以來，隨著一九五〇～八〇年代各種酒店盛行，酒家小姐的旗袍訂單滿天飛，聘來的師傅個個忙得團團轉。

九〇年代政府掃黃，大筆生意轉眼滑落到只剩散客，甚至，因為旗袍過時，他常常無工可開，只好賣掉一半店面，出去打雜補貼，如此硬撐了好些年，直到被電影服裝設計師黃文英慧眼相中，才開啟事業第二春。

不做戲服的空檔，陳師傅仍接受旗袍訂製，他氣魄十足保證：「不管你是侯孝賢還是誰，我對待每個客戶標準都是一樣，一定堅持品質，做到讓你滿意為止！」

玉鳳旗袍專家

台北市大同區迪化街一段 72 巷 11 號　02-25560008

map

台北　大稻埕

老街範圍

北至大橋頭捷運站，南至北門捷運站，東到重慶北路，西臨淡水河。

如何到達

搭乘台北捷運至大橋頭站、雙連站皆可抵達大稻埕。

悠遊方式

騎乘 U-Bike 或步行。

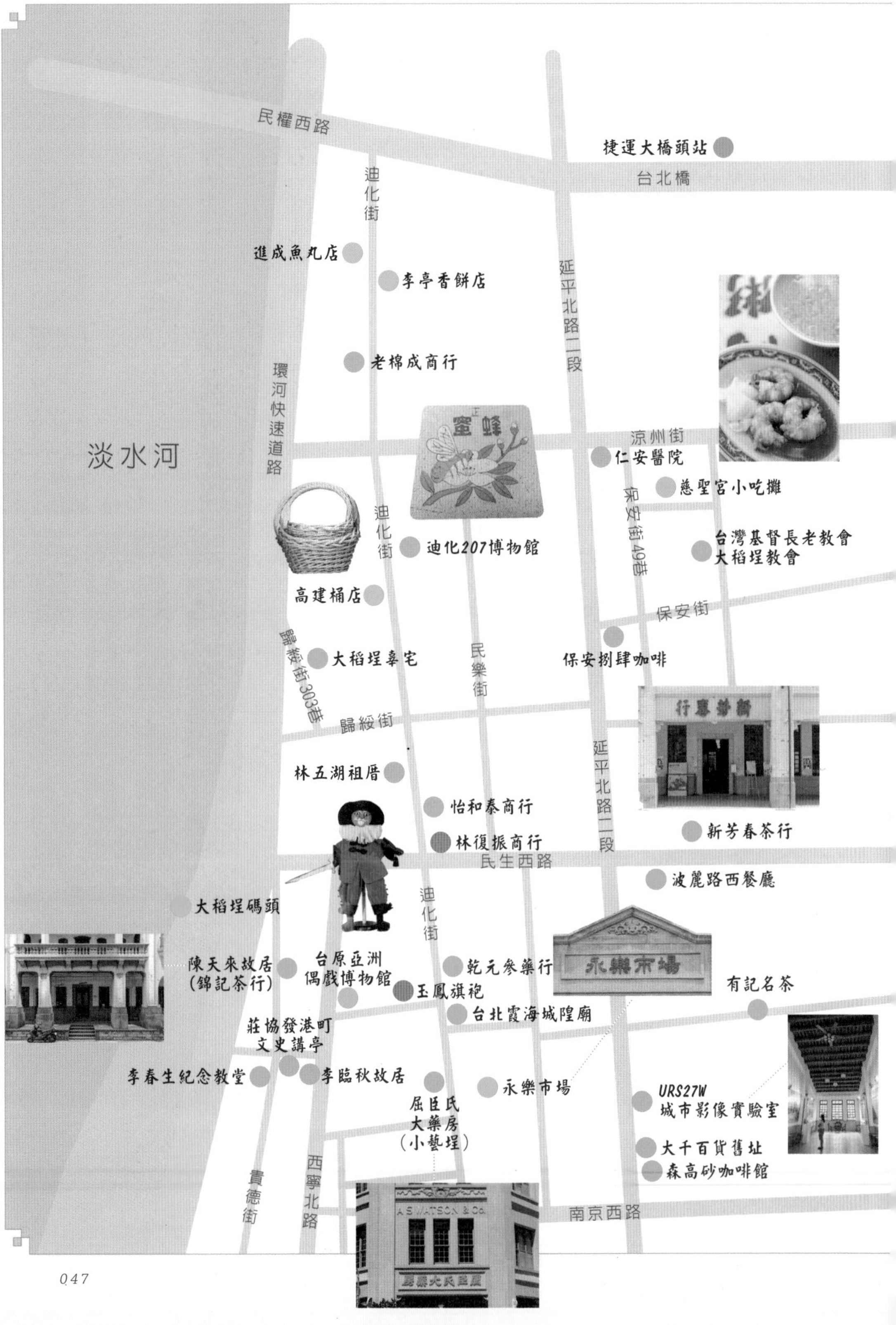
民權西路
捷運大橋頭站
台北橋
迪化街
進成魚丸店
李亭香餅店
延平北路二段
老棉成商行
環河快速道路
淡水河
涼州街
仁安醫院
慈聖宮小吃攤
保安街49巷
台灣基督長老教會
大稻埕教會
迪化207博物館
高建桶店
保安街
保安捌肆咖啡
歸綏街303巷
大稻埕辜宅
民樂街
新芳春茶行
歸綏街
林五湖祖厝
怡和春商行
林復振商行
民生西路
波麗路西餐廳
大稻埕碼頭
迪化街
永樂市場
陳天來故居
(錦記茶行)
台原亞洲
偶戲博物館
乾元參藥行
玉鳳旗袍
有記名茶
台北霞海城隍廟
莊協發港町
文史講亭
李春生紀念教堂
李臨秋故居
永樂市場
URS27W
城市影像實驗室
屈臣氏
大藥房
(小藝埕)
大千百貨舊址
森高砂咖啡館
貴德街
西寧北路
南京西路
A.S. WATSON & Co.
屈臣氏大藥房

新北

淡水重建街

真正的淡水老街

Route
04

重建街上的古厝。

1. 本地最古老的廟宇福佑宮，廟埕曾為碼頭，是淡水發展的源頭。
2. 馬偕博士於 19 世紀末到淡水宣教、建校、行醫，對在地影響甚鉅。

聽講古

淡水小鎮可說曾是全台灣最具「國際化景觀」的地方。十七世紀以降，淡水便因位居絕佳海洋貿易轉運位置，引來西班牙與荷蘭覬覦相繼登陸建城，之後歷受明鄭、清廷政權統治，又經開港通商、割地求和，使得英、日勢力輪番登場，並成為北台灣基督信仰發源地，凡此種種，都為淡水留下了多元而鮮明的足跡。

淡水地形亦相當特殊，由於兩百萬年前大屯火山群陸續噴發，熔岩四下漫流漸形成俗稱「五虎崗」的五條緩丘，加上地勢緊逼淡水河腹地狹小，人們只好利用山丘和谷地發展聚落，造成淡水呈切割性的市街景觀。從台灣早期畫家陳澄波描繪的淡水風景，可一窺依山而建的閩南聚落河港風情。

相傳一八八四年清法戰爭為了防堵法國軍艦入港，清軍在淡水河口咽喉處鑿沉二十艘載滿石塊的大船，雖然戰事告捷，卻也令這條最富航運之利的大河從此淤淺。之後開放為通商口岸，沿河街市興起與上游山林濫墾，更加劇淤積惡況，因無法行駛大型船隻坐失舟楫之利。

如今，只能藉著「藍色公路」的行駛，在渡船頭購得一張數十元的船票，隨興之所至航向八里、關渡或漁人碼頭，聊堪想像百年前河水湯湯、帆影點點的盛大景象。

重建街：

1.、2. 重建街上的「許順記」曾是這裡數家金紙鋪之一。
3. 重建街 14 號與隔壁 16 號是九十年老屋，為順應崎嶇地形，內部空間多為二、三進且以階梯連接高度不等的地面。
4. 重建街 28 號是九崁 28 咖啡，九崁是重建街舊地名。
5. 閩南古厝「鴻禧集」為清朝百年街屋，斗仔砌牆面使用燕尾磚裝飾，形成交錯美感。

以往談到「淡水老街」大多指中正路，但此條大道上早不存老街形貌久矣！徒令聞名而來的觀光遊客滿腹疑惑，還好，淡水市區仍有一條「隱藏版老街」重建街，供人們辨認些許歷史遺痕。

為什麼說重建街是一條隱藏版老街？由於它在地理上的隱密性，雖然明明和熱鬧的中正路交叉，從路口卻探不出個所以然，甚至連一塊路牌也無，彷彿抱定讓人找不著路的企圖；加以開發與保留勢力的永恆拉鋸，常使重建街尷尬地隱沒其名。

其實重建街並不難找，它就藏身在福佑宮旁，拾級而上便是，這條淡水最早形成的街道，早年稱作頂街、九崁街，是清朝年間串聯起廟前碼頭和北端山丘的交通要道。

沿重建街蜿蜒向上，一路領略清朝街屋百年積累的古樸氣息，然後於汪泉發金紙店右轉來到舊稱「米市街」的清水街，街上的清水祖師廟旁處於崎仔頂，展望良好，一旁的米市福德宮由街上米商們捐建而成。再往東接至龍山寺前的菜市場，你會赫然發現自己進入了一個專屬於淡水人的嘈鬧天地。

當然，來到淡水遊覽不能錯過的便是古蹟，只要搭上紅二十六號觀光列車，即可暢遊小白宮、多田榮吉故居、牛津理學堂、英國領事館、紅毛城、滬尾砲台等著名的淡水古蹟群，既便捷又盡興。

許順記

淡水古蹟群：

1. 淡水英國理事官邸，屬於殖民地式建築，四周有遮蔽烈日的寬大外廊。
2. 馬偕博士興建的理學堂大書院，是台灣第一座西式學堂，英文校名「Oxford College」紀念加拿大牛津郡鄉親的贊助。
3. 淡水海關碼頭的辦公用雙層樓洋房，其餘還有繫船石、倉庫、碼頭等遺址。
4. 滬尾偕醫館位於淡水禮拜堂旁，1879 年由馬偕博士創建，是北台灣第一間西醫院。
5. 淡水關稅務司官邸（小白宮），是淡水開港通商後洋人海關職員居住的官邸。
6. 淡水第一座日式古蹟多田榮吉故居，採雨淋板外牆以適應淡水的多雨，坐在緣廊可飽覽觀音山和淡水河景致。

許赫特別推薦由淡江大學師生發行的《淡淡》，認為這本刊物很深入踏查在地議題，也敢於批評時下淡水的怪現象。

書店經營

時常在臉書上寫詩、吟詩，身兼書店老闆和出版社長的詩人許赫，現在又多了一個身分——重建街社區發展協會理事長。他自嘲，三年前來這條老街上開書店，純粹為了浪漫的緣故，因為地段冷門，生意並不太好，他還得四處兼差講課來養活書店。

許赫看待自己和這家書店像是「串門子」的角色，街上的文化保存運動者、藝文工作者、志工群喜歡來這裡討論街區活動。他們曾經辦桌，有人做鹹派、有人煮香草茶，齊眾人之力治一桌宴席，請附近的阿公阿嬤來吃飯聊天；在街頭巷尾擺放堅固好坐的木頭椅，打造街坊鄰居走累了可以歇息的「街區小客廳」；甚至，書店也可以是藝術青年發表創作的藝廊；或者成為社大課程離開學校、名副其實走入社區的教室。

一家社區型書店會有什麼可能性？心波力簡單書店，這家書店想做的好像不只是賣書那麼簡單。

心波力簡單書店
新北市淡水區重建街 28 號（九崁二八內）　02-26257956

蔡以倫以香草為出發點，一路整合在地資源，近來還與附近店家「酒肉 Pub」合作推出精釀香草啤酒。

香草茶

屋齡九十的香草街屋由屋主後代蔡以倫經營，他的家族自清朝起便從金門移居距離重建街不遠的下圭柔山，至今那裡還有他的親族生活著，也是他辛勤耕耘的香草園所在。到了阿嬤那一代，因為來到彼時淡水最熱鬧的重建街賣菜，後來遂買下這間街屋入住。

蔡以倫的工作內容緊扣在地脈動，他平時不是在下圭柔山種香草，就是穿梭在社大、特教學校、真理大學，教授香草園藝和淡水文史，每週還邀請附近社福團體的身心障礙朋友來幫忙簡單的分離枝葉、填充茶包等手續，使病友們藉著工作獲得些許信心與收入。

對於重建街拆除或保留的爭議，他一針見血分析：「如果重建街的老屋拆了、階梯填平了，就再也找不到可以回溯過往的脈絡，俗稱老街的中正路已經因為建築翻新而名存實亡，如今的淡水就只剩重建街還有些許吉光片羽可供對照。」

重建街的未來走向究竟如何？不免令人擔憂。唉，還是先來杯洋甘菊茶舒緩一下心情吧！

香草街屋

新北市淡水區重建街 14 號　0922-295355

1. 將炒肉臊冬粉填入油豆腐內，再以混胡蘿蔔絲的魚漿封口即成阿給。
2. 坐鎮櫃台親切招呼熟客的老闆娘便是阿給發明人的女兒。

阿給創始

一九六五年，擁有一身總舖手藝的楊鄭錦文女士偶然看見一位阿伯販賣豆腐包粉絲之類吃食，促發製作阿給的想法。剛販賣時，附近淡水專科（今真理大學）的學生詢問其名，受日式教育長大的楊鄭女士答以「Abura-agei」（油炸豆腐），簡化後的「阿給」之名便流傳開來。

小小一味阿給，乍看之下每家的食材並無二致，風味卻迥然不同，魔鬼細節就藏在原料選擇與醬料調配中。老闆娘說這五十幾年來，阿給的口味未曾改變。原料廠商如豆腐、魚漿、冬粉從創始固定配合至今，因此能監控新鮮度與一致品質；佐醬調味與他家有別，則來自於嗜辣外省人父親的獨家配方。

談話中，老闆娘不經意透露，每天早上一定會吃店裡的阿給，讓我有所感觸——如此的行為不但表現出對品質的要求，更可以看出她對自家食物的深情，有這樣的用心堅持，難怪阿給能在台灣美食史上留下一頁傳奇。

老牌阿給
新北市淡水區真理街6-1號　02-26211785

map

新北 淡水重建街

老街範圍

以重建街為主，可擴及清水街、公明街等中正路附近的帶狀範圍。

如何到達

搭乘捷運或公車至捷運淡水站。

悠遊方式

1. 捷運淡水站搭紅 26 公車，途經淡水古蹟群等站。
2. 捷運淡水站租借 U-Bike。

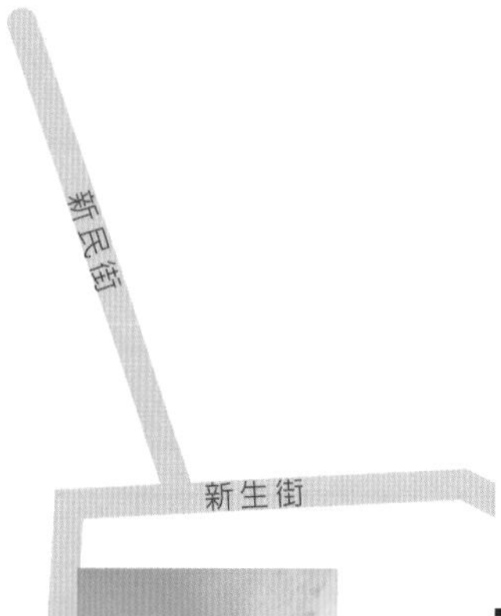

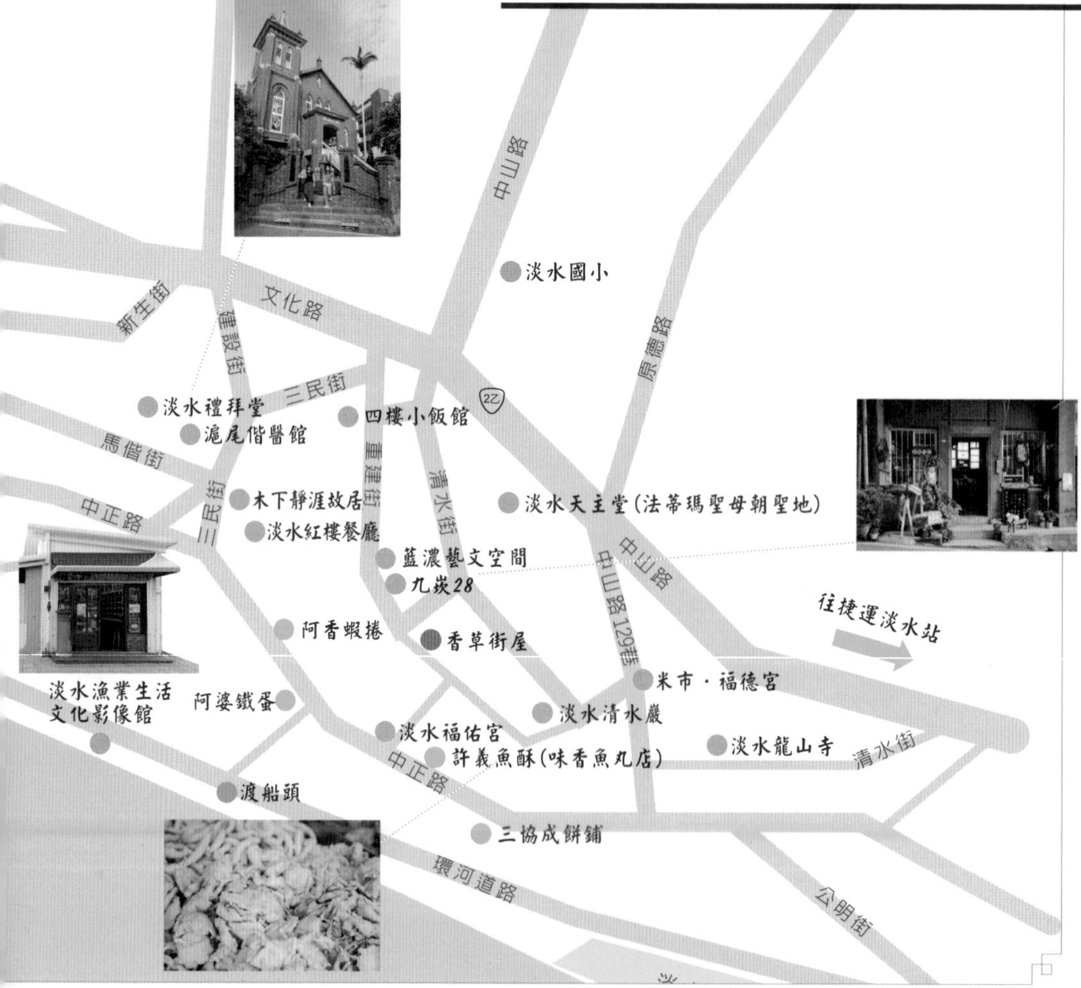

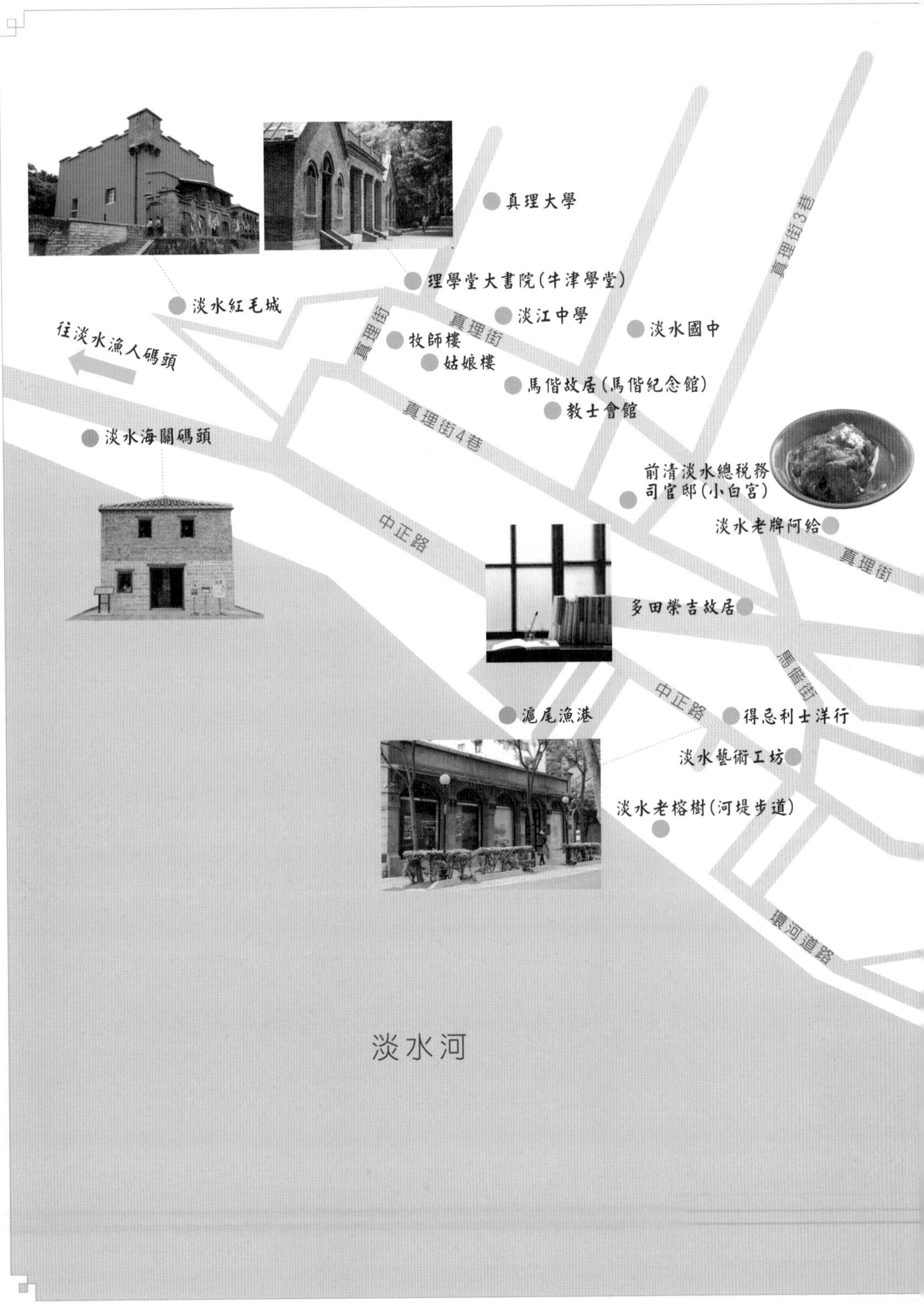
真理大學
理學堂大書院(牛津學堂)
淡水紅毛城
淡江中學
淡水國中
往淡水漁人碼頭
真理街
真理街
牧師樓
姑娘樓
馬偕故居(馬偕紀念館)
教士會館
真理街3巷
真理街4巷
淡水海關碼頭
前清淡水總稅務
司官邸(小白宮)
淡水老牌阿給
中正路
真理街
多田榮吉故居
馬偕街
中正路
滬尾漁港
得忌利士洋行
淡水藝術工坊
淡水老榕樹(河堤步道)
環河道路
淡水河

新北

九份老街

二度繁華九份仔

Route 05

從九份遊客中心
望深澳漁港。

1. 九份老街中最容易親近的舊礦坑「五番坑」。
2. 九份近年來又在電影行銷和茶館業進駐的熱潮下再度興盛。

將近百年的歲月，九份在淘金狂熱下閃爍著奇麗光芒，當然少不了許多精彩傳說。

清光緒十六年（一八九〇），九份及金瓜石地區即發現金砂，一對林姓兄弟為壟斷礦脈，宣稱「九份基隆山為台灣龍脈之首，砍傷龍脈者必惹災禍上身」，讓其他人不敢輕舉妄動。林姓兄弟先行採金致富後，便以金礦石雕成土地公像建廟祭拜，據說就是今天福山宮的前身。

有人形容，九份的地形像極了「畚箕」——後背、兩旁皆有山巒圍繞，前方卻一路往大海傾倒，因此挖出來的財富留不住，可說是「三更窮、四更富、五更起大厝」，到了天明方覺做了一場淘金幻夢。

儘管光緒十六年即已發現金脈並開設金砂局，但四年後甲午戰敗清廷割台，仍將這座金山拱手送給日本。日人治台後積極發展礦業，大量人口隨著淘金熱潮來到九份，餐館、酒家、銀樓等行業應運而生，而挖礦的風險大、收入高，造成礦工們及時行樂的心態，小山城於是搖身一變成為夜夜笙歌、紙醉金迷的「小上海」。

地方流傳早期一位相士曾預言：「九份仔興兩遍」，九份因黃金夢興起，百年後山頭金盡急趨落敗，就在此時，正好電影《悲情城市》大受歡迎，搭上茶館熱，又把九份送進了另一個繁華夢。

逛老街

有人說，九份老街的街道可以用三橫一豎的「丰」字來形容，縱向街道豎崎路由下往上串連三條橫向道路：汽車行駛的汽車路、曾為輕便車通行的輕便路、商店小吃密集的基山街。

豎崎路是早期九份居民補給物資的主要通道，由三百多級石階鋪砌而成。位於底端的台陽礦業事務所在採礦時期一手包攬礦區業務，拾級而上兩個電影場景接連現身——《戀戀風塵》裡的昇平戲院、和宮崎駿《神隱少女》背景神似的阿妹茶樓，接續上行便與九份特產芋圓的創始者阿柑姨相會，續行到頂端的九份國小為止。

基山街自一九一六年開設九份市場以來，逐漸成為當地最主要的商店街。為了因應多雨氣候，街道兩側店家屋簷相接，光線晦暗而有了「暗街仔」的稱號。採金時期每日下午至深夜時分，街上錯雜的小吃攤、料理店、酒家總是熱鬧滾滾，使得暗街仔更加名副其實。如今，基山街不再有礦工尋歡作樂，取而代之的是各國觀光客摩肩擦踵，採買清香的草仔粿、探看復古風茶坊。

在九份街道攀上爬下、彎來繞去，不時可見訴說礦業歷史的地景：紀念台陽礦業創辦人顏雲年的頌德公園、數個痕跡斑駁的礦坑口、山牆上的巨型礦工壁畫……，企圖呼喚黃金山城逐漸湮遠的記憶。

1. 東北邊的基隆山像一個「金」字形，好像老天在暗示九份藏有黃金。

2. 走在九份，處處有塑像或壁畫提醒遊人過去的產業史。

3.、4. 豎崎路上茶館、藝品店沿街開設，上演不同年代的街市風景。

5. 屋頂鋪油毛氈並刷上柏油，就是古早時代九份地區的標準防雨配備。

豎崎路北端、九份派出所的下方，有棟一九三〇年代的折衷樣式建築，外型富麗典雅，黃澄澄的磚牆令人直覺聯想閃閃發光的黃金。它曾是日治時期九份的經濟中心——台陽礦業事務所，由北台灣礦業大亨顏雲年所創設。

顏雲年於一九二〇年創立台陽礦業株式會社，以「三級包租制」開放層層轉租礦區，激發人們亟思致富的心態而努力開採，於是九份富足繁榮至極，加上亦經營煤礦，時人遂稱顏雲年「炭王金霸」。顏家將礦業上取得的資產多角化投資於運輸、木材、水產、金融等眾多領域，令其躋身為台灣日治至戰後時期五大家族之一。

豎崎路與輕便路交會處的昇平戲院，曾歷經遷建、改建，如今外觀是依一九六二年的樣貌為藍本仿古重建的。立面仿巴洛克風格融入東方裝飾元素，二樓看台區散放U形弧線的優雅氣質，最引人注目的是一樓的石砌牆，讓人想到郊山步道常見的駁崁，這是為了因應夏酷熱、冬濕冷的氣候而特有的設計。

昇平戲院在礦業興盛時期擔負起娛樂九份居民的重任，以歌仔戲演出為主；戰後則有歌仔戲、布袋戲、話劇、電影等百花齊放。一九七〇年代礦業沒落、電視興起，戲院裡歌舞昇平的畫面才漸漸落幕。

1. ～ 3. 台陽礦業事務所外部明亮的金黃色磁磚令人聯想到九份的採金歷史，洗石子柱腳線條曲折有致，內部格局保存良好。

4、5. 修建後的昇平戲院，一日播映數次老電影予人回味舊時光。

九份茶坊以炭火燒煮茶水，從視覺、嗅覺到味覺締造多層次感受。

老屋茶坊

觀光區裡的九份茶坊，是少數我不必擔心會變得商業化、庸俗化的一家知名茶店。因為我相信，出身畫家的老闆洪志勝先生，有他對於店務經營上的堅持。

很難想像，在二、三十年前，只剩下老人與狗的沒落小山村裡，竟然有一位外地人，一眼就看上了一間有櫻花樹燦放、漂亮石砌牆的老房子，在這兒開了九份第一家茶店。

被洪志勝看上的老房子來歷有些特別，它建於大正初期，是台陽礦業瑞芳坑場長翁山英的宅邸，採用石造混合木結構，沿山坡砌蓋而成，前後各為一、二樓，在兩層樓之間設有天井。

洪志勝本著「做最少的更動，做最大的保存」的信念修復老屋、利用舊木料拼貼桌椅、親自設計店內茶具，將茶坊視為繪畫之外的另一藝術創作，在九份尚處於「十室九空」的蕭條年代即進駐，首開飲茶風氣。

來九份，何妨暫停旅人的腳步，沏一壺茶，從容感受山城散發的古樸氤氳。

九份茶坊

新北市瑞芳區基山街 142 號　02-24969056

芋圓、番薯圓的製作過程：削皮切塊、蒸熟、輾壓芋泥、拌入太白粉、揉搓成長條、切分小塊、煮熟。

芋圓製作

俗語說：「山不轉路轉」，這句話可以用來形容九份的街道，對阿柑姨來說也是最佳的人生哲學。

一九七〇年代時，阿柑姨原本在九份國小大門前開設雜貨店兼賣芋仔刨冰，後來苦惱於芋頭漲價成本過高，遂加入太白粉改做芋圓冰，想不到推出後一炮而紅，還榮登九份的頭號招牌小吃！

聽店長說，阿柑姨在世時就以精湛廚藝聞名街坊，做芋圓捨得用料之外也非常要求品質，甚至有人用「做十鼎嫌九鼎」來形容她的嚴格。

九份其實不產芋頭，製作芋圓採用的是鬆軟綿密的大甲芋，太白粉摻得少才能保留芋頭的獨特香氣，並利用手工搓揉和煮熟後的熱漲冷縮效應增加Q度，淋上熱甜湯或佐以碎冰都對味，對於辛苦攀爬了一大段石階路抵達的遊人來說，這樣一碗四季皆宜的甜品特別具有吸引力。

阿柑姨芋圓

新北市瑞芳區豎崎路 5 號　02-24976505

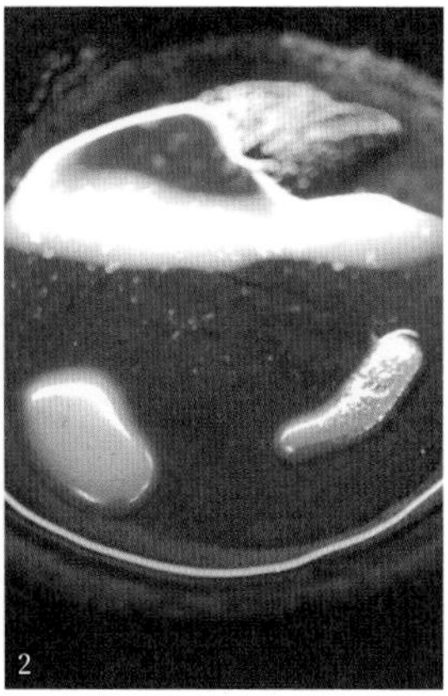

1. 館長示範礦工救命燈用法：燈內水與電石接觸產生乙炔即點燃，火苗微弱可警示空氣不足。
2. 水銀咬金——混入水銀吸附金砂以分離沙土。

私人博物館

來到九份若想深入了解採礦歷史，這一處私人經營的博物館想必能提供你別開生面的體驗。

博物館入口模擬礦坑，還保留全九份最後一台礦車，利用槓桿原理，即使整台礦車載滿了礦石，一個人也能輕易推動。數列排開的玻璃窗則展示家族長久以來在地方上蒐集到的各種金礦原石。

曾館長的祖父原本是大陸山東的採金工人，清光緒年間乘著九份淘金熱潮而來，從此落地生根。父親曾水池先生則是博物館創辦人，曾在本地礦坑工作三十餘年。雖然曾館長兒時正逢礦業蕭條未能接續家業，但聽他分享從小到大的見聞，聽來仍充滿傳奇性。

館裡還展示整套父祖輩流傳下來的淘金、洗金、煉金工具，我跟館長說我也曾在西澳的淘金場看過類似行頭，只是沒有人示範使用方式，只見他得意地笑說：「淘金看起來好像不難，但我可是練了好幾年才學會的，就算你去別家博物館參觀，館員也不懂得怎麼操作啊！」

九份金礦博物館
新北市瑞芳區石碑巷 66 號　0985-114895

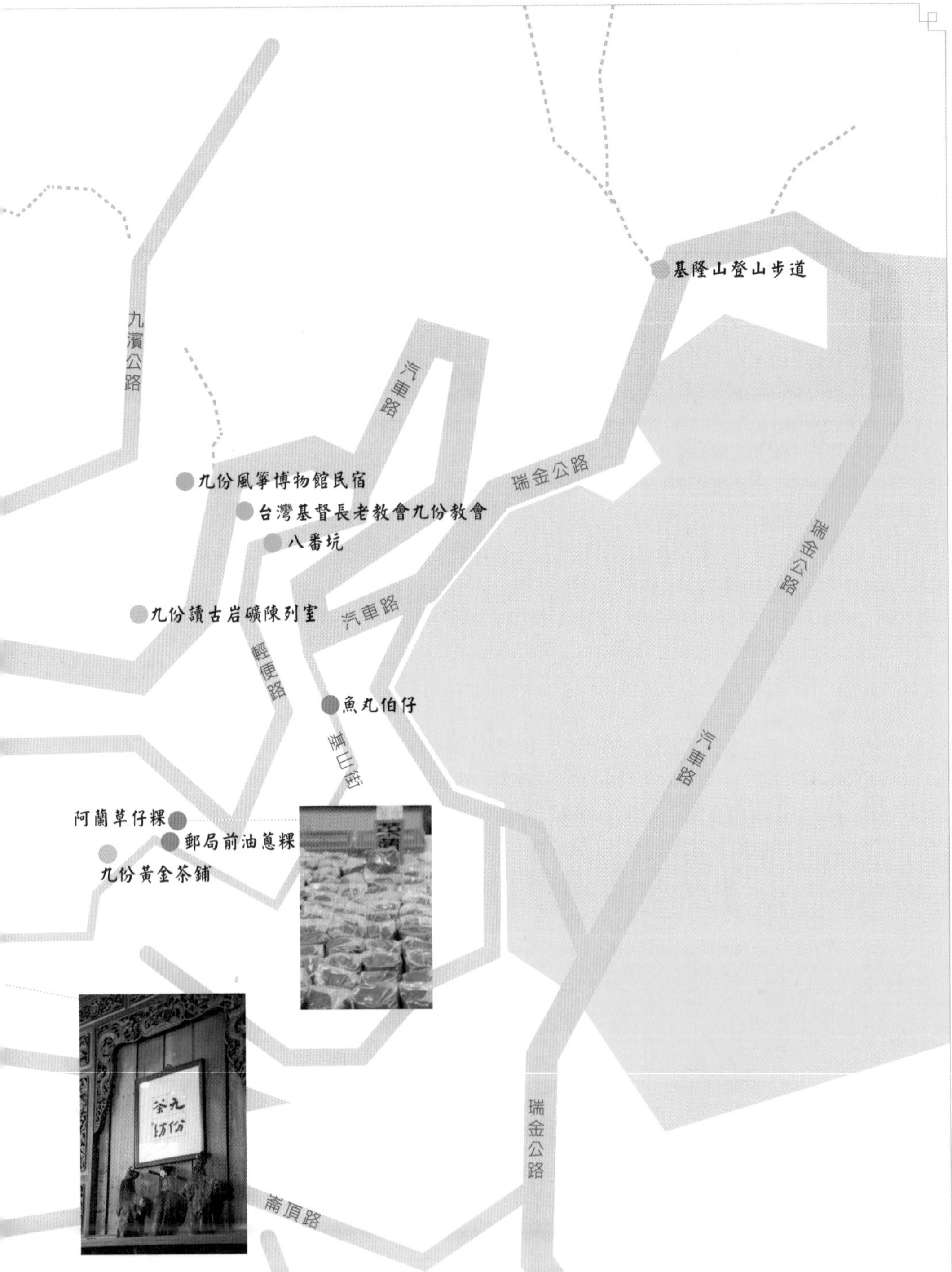
基隆山登山步道
九濱公路
汽車路
瑞金公路
九份風箏博物館民宿
台灣基督長老教會九份教會
八番坑
九份讀古岩礦陳列室
汽車路
瑞金公路
輕便路
魚丸伯仔
基山街
汽車路
阿蘭草仔粿
郵局前油蔥粿
九份黃金茶鋪
九份茶坊
瑞金公路
崙頂路

map

新北　九份老街

老街範圍

豎崎路、汽車路、輕便路、基山街、佛堂巷。

如何到達

1. 瑞芳火車站前往左走約 3 分鐘至公車站，搭乘 788、825、826、827 號公車至九份老街站。
2. 於台北捷運忠孝復興站 1 號出口旁搭乘基隆客運 1062 公車至九份老街站。

悠遊方式

步行。

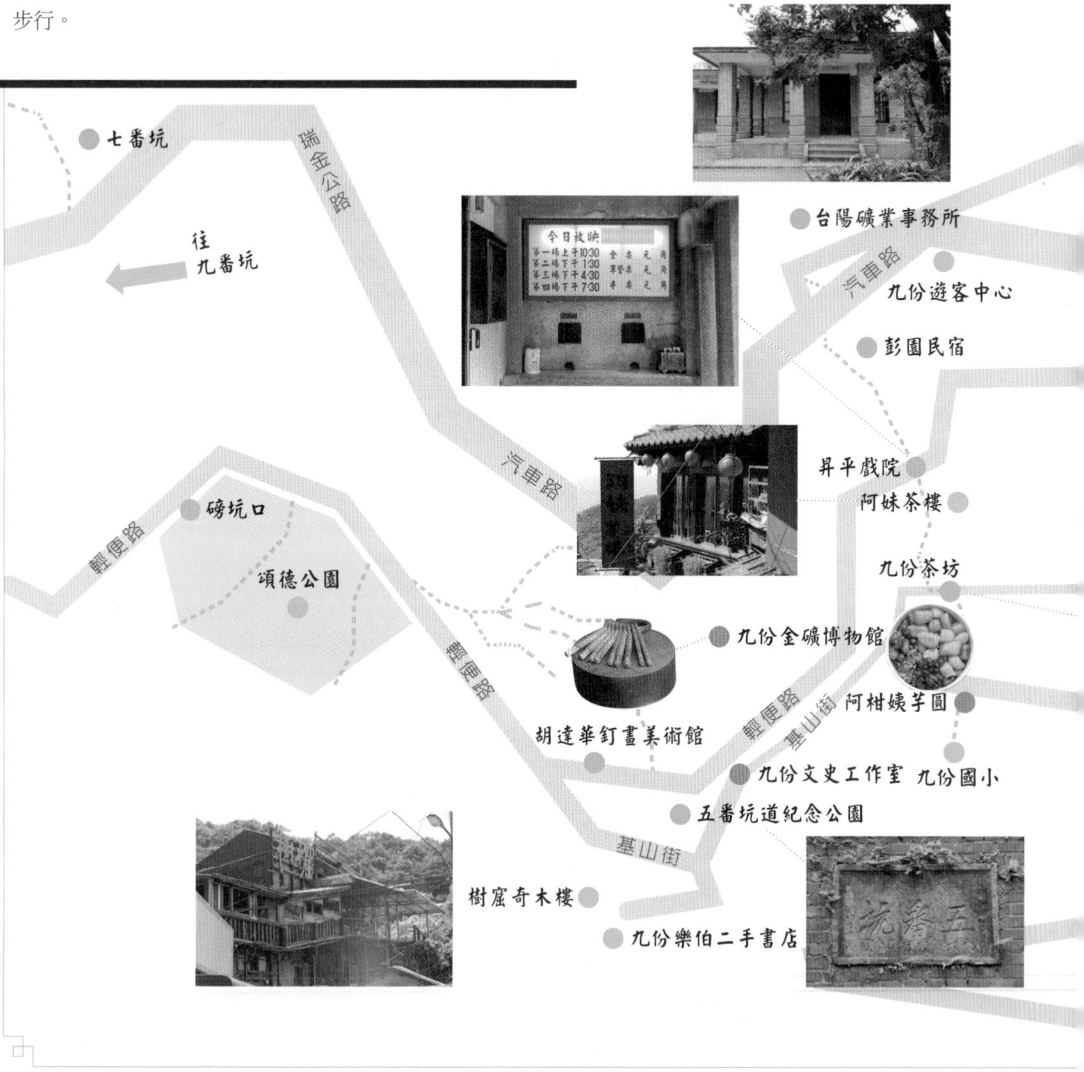

新北

三峽老街

三河奔湧藍染鄉

Route
06

洽和油舖三店面五拱圈最寬闊，窗櫺玻璃晶瑩華美。

三峽老街有別於其他老街的最大特色是染坊林立，一望可知與染布行業關係密切。

自明末清初起，即有福建泉州人溯大漢溪而上墾拓三峽。三峽背山面水的天然形勢易守難攻，在歷來抵禦原住民襲擊、族群械鬥及抗日活動中，佔有最佳戰略地位。除此之外，豐富的山林資源如木材、馬藍（註）、樟腦、茶葉，藉著水利之便對外輸出營利，接續為三峽創造了各個時期的榮景。

今日的三峽航利盡失，往昔商船雲集的盛況，只能從舊地名「三角湧」想像——由於大漢溪、三峽溪、橫溪在此匯聚，簡直像三條河流一齊撲湧而上一般，遂有了這個生氣勃勃的名字。直至日治大正九年（一九二〇），才以近似的日語讀音改稱三峽庄（註）。

三峽與鶯歌距離相近，僅隔大漢溪互望，民間的鄉野傳奇裡還把它們湊在一塊。傳說鄭成功部隊路過此地，遇到鳶和鸚哥兩隻精怪作亂，便持劍斬斷鳶頸、擊炮射穿鸚哥喉，後來這兩處留下了無頭的鳶山和缺顎的鶯歌石。

台灣割讓後日軍來到三峽，受到抗日義勇兵激烈抵抗憤而焚街報復，當地居民紛紛逃往山上避難，相傳有戶人家未能及時逃離，又剛好通曉日語，便為日軍安撫民眾返回重建街庄。這戶人家因功發跡，權傾一時，自家建築樣式極盡雕琢，是民權老街裡唯一一間外牆有花台的街屋，至於到底是哪一間？這個解謎的樂趣就留給讀者吧！

註 **馬藍：三峽近山盛產的藍染植物，俗稱大菁。**

三峽庄：三角湧的閩南語近似日語「Sankiyou」。「庄」是日治時期的行政區單位，超過一萬人的聚落設庄役場廳舍。

1933 年三峽拱橋完工，公路、鐵道的陸運時代來臨。

來三峽，一定要看看在地畫家李梅樹彩筆下的三峽拱橋。佇立橋上，三峽的地景特色盡收眼底：橋下有三峽溪潺湲，往上游望去有鳶山聳峙，河西岸自古至今一直是三峽的街肆重心。

一般遊客以為三峽老街只有日治時期洋樓立面的民權路，其實臨三峽溪的清水街、秀川街才是清代聚落起源，只是餘痕所剩無幾，以兩街交會處的宰樞廟為代表。

宰樞廟由鄰近聚居的李姓族人合資於清乾隆年間創建。內外牆以土塊砌造，覆抹米糠灰土，木瓦結構屋頂，樣式樸拙中見秀美，比之現代廟宇的富麗堂皇，更顯平易近人。廟口前的三峽溪岸曾是舟隻輳集的船運碼頭，對外輸出重要經濟貨物。

清水街的臨河聚落已變成露天茶座，供遊人在垂柳下休憩。街上有棟百年老厝，由在地年輕人經營「甘樂文創」，提供餐飲、音樂表演、職人進駐，進行複合式經營。值得一提的是，它與三峽僅存的一間老煉油行合作，推出新設計包裝的樟腦油，意欲藉著原始的山林清香，喚醒三峽在清末至日治中期曾為樟腦煉製重鎮的歷史記憶。

1. 宰樞廟留存清代寺廟風貌，是當地李姓族人的家廟。
2. 臨三峽溪的清水街為清代聚落起源。
3. 甘樂文創協助在地職人創立品牌與弱勢兒童的伴讀。
4. 巷弄內的禾乃川國產豆製所即是由甘樂文創協助創設的手工豆腐店。

1. 祖師廟，斜脊末端浪花狀的回捲裝飾增添脊線靈動感。
2. 廟內部鳥類雕刻超過一千隻，包括本土與各國鳥類。
3. 鐘鼓樓的屋頂為六角形的三層簷攢尖頂，風格繁複華麗。

坐鎮長福街的長福巖清水祖師廟命運頗多曲折，它曾遭逢地震坍塌、日軍焚毀，還好二戰後有畫家李梅樹主持改建，向當代重量級書畫家邀稿，並延攬各地修廟名匠精製石刻、木作、銅塑，盡情展現傳統與創新技法，以藝術成就為它扳回一城。來到這裡，不慢慢看、細細品味，怎麼對得起環繞身旁的大師名作。

這座藝術殿堂還有個奇怪的稱號「Bird Temple」，原來，在愛鳥的李梅樹精心設計下，廟裡石壁上、龍柱間，群鳥翩翩現身，有常見的家燕、八哥、大白鷺，也不乏珍稀的領角鴞、鳳頭蒼鷹，每隻莫不活靈活現、生動可愛。有的還賦予吉祥意涵，例如正殿前一對石柱刻有老梅與百鳥意味百鳥朝梅、白頭翁嬉戲牡丹花叢象徵富貴白頭、喜鵲停棲枝頭代表喜上眉梢。

傳統廟宇工藝融入現代生態美學，竟讓祖師廟的名號在愛鳥人士間流傳開來，成了國際知名的「賞鳥聖地」。

祖師廟精雕巧琢近五十年，有東方藝術殿堂之譽。

1. 有幾何鳳梨形狀圖樣的洗石子山形仿巴洛克風山牆。
2. 林茂興染坊外牆刻字「林茂興號自辦外洋各省疋頭督染發售」。
3. 金聯春染坊外牆刻字「本染坊不惜重資精撰原料嚴督加工製造發售」。

走出祖師廟，來到另一側的民權街，這裡原來喚作三角湧街。因處於近山與溪流的交接地帶，清代中葉，漢人進入山林開採、臨河取水與運輸，人群坌集交易漸成「店仔街」。

清嘉慶以後，由於三峽近山出產染料植物、三峽溪水可供漂洗染布和運送輸出，充足的地利之便造成染坊紛起，製染業勃興。道光年間，三峽居民即已上山砍伐樟樹熬煉樟腦，晚清時期的劉銘傳開墾山區，樟腦生產量臻至鼎盛。同治年間，英國商人杜德來此鼓勵植茶，又迎向茶葉出口高峰。種種山林產業陸續開採墾殖，促使三峽市區規模日益擴張。

日治初期因抗日活動遭到日人報復焚街，清代木造街屋景象盡失，目前所見傳統閩南式街屋摻雜仿巴洛克風立面，是大正五年（一九一六）後市街改正的模樣。

站在街頭放眼望去，紅磚拱圈騎樓接續相連兩百六十公尺，氣勢磅礡。山牆形式花樣繁多，中、日、西式家紋百花齊放，令人頗感目不暇給。刻上店號、姓名、行業的牌匾中，細數之下以染坊最多，足見染布業熾盛一時的市況。

1. 民權街舊稱「三角湧街」，是第一個市街型古蹟，店屋紅磚拱圈連綿不絕。
2. 許多商店牌匾的「吳服」字樣，是日文「和服布行」之意。
3. 紅磚拱廊有遮雨蔽日之效，兼具建築裝飾美感。
4. 門板窗可以裝卸開閉，有展示貨品、買賣交易的用途。
5. 南端幾間街屋的亭仔腳磚柱為圓形，顯得特別細緻優雅。

鳶山步道展望良好，視野可擴及鶯歌等鄰近地區，三峽市街屋舍形貌也清晰可辨。

逛完老街，若想深刻感受三峽人文風情，有幾處不錯的延伸景點。

民生路市場是三峽從日治晚期至今最熱鬧的商業區，來這裡尋找真正的在地美食應該不致令饕家失望。

三峽背倚群山，鳶山步道距市區最近，可直通山頂紀念台灣光復四十周年的紀念銅鐘。登上峰頂，市街及鄰近地區一覽無遺。

三峽歷史文物館完工於昭和四年，是仿巴洛克式建築的庄役場廳舍，格局左右對稱，裝飾簡潔典雅，與台大醫院、公賣局同為紅磚期的建物。現在內部常態展示三峽的墾拓史料、常民文物，館側設有三峽染工坊傳續藍染手藝。

李梅樹身為在地重要畫家，常描繪山水地景、教會廟宇、街市聚落等風光，這些早期景物有的隨著時移事遷早已消聲滅跡。三峽溪另一側的李梅樹紀念館保留了珍貴的畫家彩筆，供後人追憶昔時三峽。

1. 三峽歷史文物館曾被譽為全台街庄中最美麗的辦公廳所。
2. 館內展示典藏染坊用來壓平染布皺紋的砑石及礦業文物等。
3. 館旁的三峽染工坊時常舉辦藍染教學活動，地方民眾參與熱烈。
4. 民權街南端的三峽教會是馬偕牧師在北台灣設立的第十三所教會。
5. 李梅樹紀念館展示畫家遺留的文物、手稿與畫作。

徐媽媽熱心地跟客人解說豆腐乳吃光後，醬汁還可以炒菜、炒海鮮，一點都不浪費。

醬菜醃製

祖師廟前有間門面褊窄卻散發著盎然古意的小店，一進門兩側堆疊了滿牆的各式醬菜，豆腐乳、鹽漬鳳梨、辣蘿蔔、剝皮辣椒等琳瑯滿目，置身其間，好像來到台灣民間醬菜的展覽場。

台灣早期物資缺乏，家家戶戶多少都會做幾樣下飯的醬菜，把當季大量產出的蔬菜醃製起來慢慢吃，有如此勤儉惜物的美德。徐媽媽說：「以前的人真的很有智慧，光是一樣米、一樣黃豆，就可以做出很多醬菜，豆腐乳、醬鹹冬瓜、醬油……，都是這樣變化出來的。」

她分享製作豆腐乳的古法，必須順天應時避開食物容易發霉的梅雨季，端午過後的晴天才能製作，以鹽、米和豆瓣為豆腐添增風味，過程中需要反覆醃製、曬乾、陰涼。

光用聽的就覺得非常「厚工」，而且今年製作，得耐心地等到明年才能食用，不若工業化生產大量迅速，卻是更令人安心與懷念的古早味。離開時，我忍不住帶了一罐回家，想在豆腐乳的馨香甘美中，回味昔時敬天惜物的傳統美德。

三角湧徐媽媽醬菜茶

新北市三峽區長福街 12 號　02-26731899

產品展示櫃下方是早期的醬菜甕，富有手工製作美感。

碧螺春製作步驟：採摘、萎凋、殺青、揉捻、烘焙。

茶行

戴記茶坊的植茶歷史自清朝算起已屆百年，可謂三代「茶人」，現今主要種植三峽獨有的「青心柑種」茶樹，春季、冬季可製成碧螺春和龍井茶，夏季、秋季則製成蜜香紅茶及東方美人茶。

老闆娘談起早年嫁入公車下車還得走三小時才會到的深山裡，生活簡單但十分清苦，常常有一餐沒一餐。幸而丈夫全心全意鑽研製茶技術，打拚數十載下來，如今包辦每年茶葉比賽大獎。

聊起茶經，她說：「照顧茶樹就像母親照顧小孩，用心的話小孩一定長得好，不能噴殺蟲劑、除草劑，茶葉才會美。製茶技術也很講究，時間拿捏最關鍵，如果急著炒和烘培，會產生澀味也容易傷胃。」

除了專注種茶、採茶、製茶，戴記茶坊還尋思改革老式的茶葉包裝，跟三峽染工坊合作，以藍染布仿製昔日採茶用的茶袋，幫茶葉穿上獨具巧思的文創新衣。

三角湧碧螺春／戴記茶坊

新北市三峽區秀川街 59 號　02-26737769

1. 台灣的藍染植物原料之一「馬藍」。
2. 劉美玲示範藍染，反覆將布浸入染液和擰乾加深色澤。

藍染

藍染的優點不只美觀，還有耐髒、氣味可驅趕蚊蟲、強化纖維使衣料不易破等功用，難怪在崇尚儉樸的農業時期蔚為風行。到了近代服裝主流改變，百年染業風華漸褪，徒留民權街上一間間氣派華麗的染坊，變成毫不相干的金牛角麵包店。

二十年前，一群熱愛在地文化的人士成立三峽染工坊，重建一度消失的藍染技藝，並舉辦推廣體驗讓民眾再度認識三峽這個藍染故鄉。三峽染工坊的劉美玲總幹事說，透過不同的染色方式、浸染時間與次數，藍染的呈現效果千變萬化，民眾每每一打開染布，便驚嘆連連，興奮的模樣好像自己創作出了舉世名作。

藍染以天然植物作為染劑，以及每件獨一無二的美感，很符合當代對環境友善的思維與重視獨特的傾向，期待這碧藍如海的絢麗色澤，有天能夠再度風行於世。

三峽染工坊
新北市三峽區中山路 20 巷 3 號　02-86713108、02-26718058

map

新北　三峽老街

老街範圍

以民權街為主，也可逛遊接臨三峽溪的長福街、清水街、秀川街。

如何到達

1. 高鐵板橋站下車，轉乘台北客運 910、702 至三峽國小站步行可抵。
2. 北捷景安站、新埔站、永寧站有接駁專線。
3. 台北、桃園、國光、統聯等客運皆有經三峽路線。

悠遊方式

1. 步行。
2. 各點中李梅樹紀念館距離老街稍遠，可於三峽區公所租借 U-Bike。

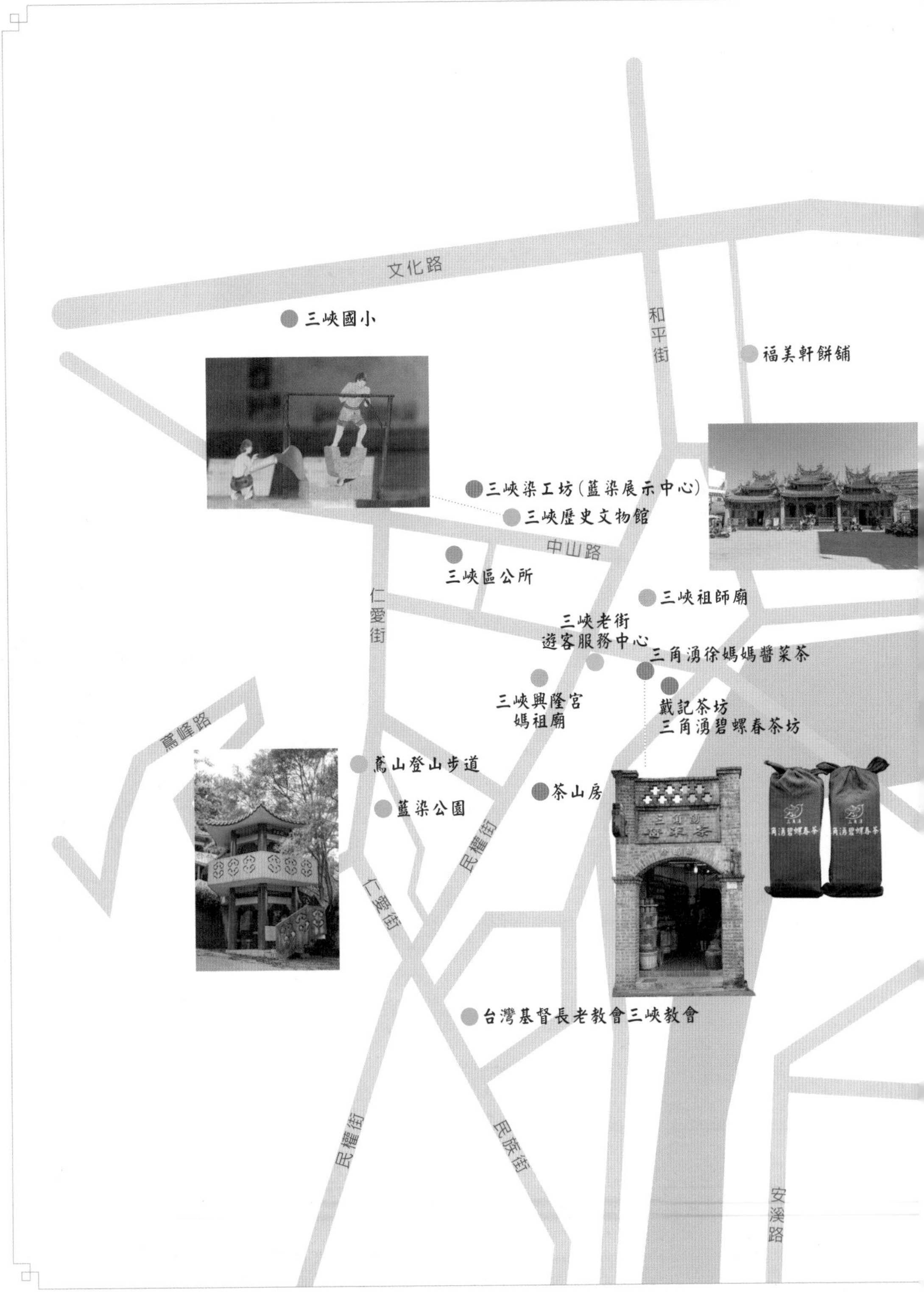
文化路
三峽國小
和平街
福美軒餅舖
三峽染工坊(藍染展示中心)
三峽歷史文物館
中山路
三峽區公所
三峽祖師廟
仁愛街
三峽老街
遊客服務中心
三角湧徐媽媽醬菜茶
三峽興隆宮
媽祖廟
戴記茶坊
三角湧碧螺春茶坊
鳶峰路
鳶山登山步道
藍染公園
茶山房
民權街
仁愛街
台灣基督長老教會三峽教會
民權街
民族街
安溪路

桃園

大溪老街

山林瑰寶集運港

Route 07

大溪老街老屋活化空間「源古本舖」內設精緻茶席。

1. 大溪老街最著名的牌樓厝，泥塑立面揉合中、日、西風格。
2. 大溪舊名「大嵙崁街」，日治大正9年才改為大溪街。

一脈奔湍自雪山地壘勃勃而出，沿途翻騰著昂揚意志穿越重嶺、匯聚涇流，來到今日的石門一帶突地急遽下削，河岸兩側浮升成高達數層、平行對稱的台階地。最初造訪的平埔族霄裡社人以「Takoham」（大水）為此處命名，音譯「大姑陷」，後被認為不吉利更名「大嵙崁」，又被出身此地的舉人李騰芳改「嵙」為科舉的「科」，最後日本人易名「大溪」沿用至今，其實不管哪個名字，都脫離不了人們對大河豐沛生命的讚嘆。

泱泱碧川從狀闊迤邐的峰巒間吟哦而過，如此山明水秀的景致不免令人興起「地靈人傑」之思。的確，啟自清末以降，台灣巡撫劉銘傳與首富林本源家族進入開發，將樟腦、茶葉、木材等北部山林資源藉由舟楫之利對外輸送，為大溪締造持續至日治時期的貿易榮景，與二戰後木器家具的外銷活絡。

就連老蔣也看中大溪的山水停厝於慈湖，引爆民國六〇年代的觀光熱潮且歷久不衰，讓大溪豆干從此聞名天下。大溪在各個時代占盡地利、能人輩出，證明了它確是一處蒙上天鍾愛的靈秀之地。

1. 和平路老街38～40號間的巷口「月眉古道」可接往李騰芳古宅。
2. 新南老街上的建成商行大穹窿圓頂形象震懾人心。

走在今日的大溪老街區，過往風華依舊可以指認。最熱鬧的和平街上，商店洋行中、西、日風格的泥塑立面隔空爭奇鬥豔，數家傳統木器家具行仍天天打開門來做生意，若是看到湧現排隊人龍，別懷疑，你一定是來到了賣豆干的知名老舖。

踅晃至大漢溪畔，昔日的浩浩盛水已成涓涓潺湲，河床磐石磊疊有如巨龍脊骨暴現，令人心驚。百年前舟楫輻輳的景象早隨流水杳遠，徒留壓艙石堆砌成「之」字形的碼頭古道，匍匐岸際低訴從喧囂終至沉寂的唏噓。

且沿堤岸的普濟路走去，路上數棟毗鄰的日治時期建物再生為大溪木藝生態博物館，迴合成一處展示木器歷史的天地。透過林先文與游禮海兩位藝師軸線貫串產業脈絡，薪傳百年的木藝馨香猶可品聞。

彎進與普濟路相交的中山路，這條街道在日治時代可謂「高級住宅區」，以大穹窿圓頂形象震懾人心的建成商行，當能登上台灣最誇張炫富的豪宅排行榜。隔鄰數間達官顯要出入的奢華宅第，近年來紛紛被文創業者看上，用茶香和咖啡香傳遞藝文新鮮事。

1.、2. 普濟路被稱為「宗教路」，林立普濟堂、修德禪寺、黃氏家廟、大溪教會等宗教建築。
3. 普濟路上多棟日式建築迴合成一處木藝生態博物館園區。
4. 武德殿是以鋼筋混凝土仿木構造社殿的近代和風建築。
5. 大溪藝文之家包括曾供老蔣總統下榻休憩的公會堂和行館。
6. 老街外圍，李騰芳古宅外埕的旗杆座，是最鮮明的舉人宅建築元素。

游禮海雕琢生命至道，作品〈立志〉以小鳥埋頭書卷、鷹揚得志表達篤志好學的進取人生觀。

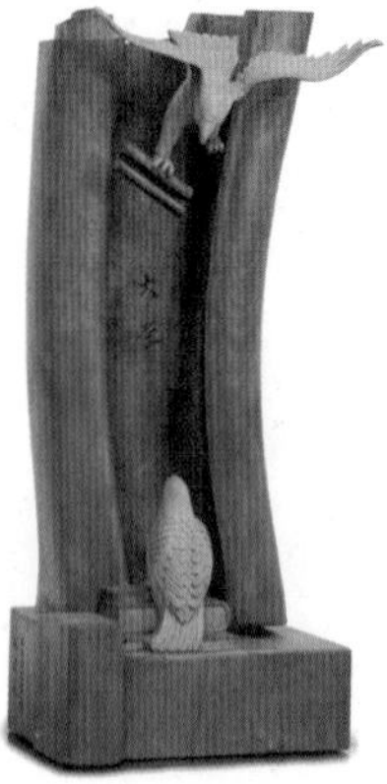

木藝創作

清末時期淡水開港，大溪成為最深入內陸的河港，洋行商號百家麇集，對於木製家具的質量需求均十分殷切；大溪地處角板山盤繞的大漢溪畔，山林裡的良材美木隨著溪水滔滔而至，源源不絕；還有，跟隨林本源家族腳步來到大溪的唐山木工師傅，也在這裡開枝散葉、授徒傳藝。種種優異條件，造就大溪木器市場騰興，木藝師傅人才輩出。

從父祖輩連結至游禮海的木作生涯，恰可反映出大溪木器業的歷史：從有清一代的勃興，日治晚期暫告落寞，到二戰後榮景復燃，一九六〇～七〇年代外銷日本創造可觀外匯，一九七〇～八〇年代供應台灣中南部大量需求。

藝師耄齡八十有五，言談之際仍神采矍鑠，煥發對於創作的熱情。近年來勉力撐持老化病體雕鑿，意欲藉作品與大眾分享人生哲理。大溪木藝生態博物館中，藝師的創作身影與大溪百年木器史相交映，成就璀璨迷人的木藝新境界。

大溪木藝生態博物館藝師館
桃園市大溪區普濟路 35 號　03-3888600

黃文智從十二歲起就跟著阿公黃屋和阿嬤黃邱露學做豆腐、豆干和豆腐乳，傳續至今由第五代接手。

豆干製作

黃文智的阿公黃屋（黃大目），堪稱大溪最知名的豆干老店創始人。日治時期，黃屋以焦糖滷製黑豆干，風味甚佳大受歡迎。身為第三代傳人的黃文智，二十來歲起便肩起家中豆干事業，數十年後傳續至第五代，如今年屆八十仍在店裡導覽豆腐DIY體驗，十足是見證大溪豆干業發展的活字典。

一九六〇年代起黃文智便投入機械化，跟設備廠商反覆討論修改多次才成功，首開豆腐豆干食品業自動化生產的先端。一九七五年，老蔣總統過世暫厝大溪慈湖，被當成觀光伴手禮的大溪豆干一夕爆紅，黃文智反而跑到老街邊緣開設品香世家，專注產品的製作與改良，店面後方的廠房，即是大溪目前僅存仍在運轉的豆干工廠。

將滾燙的豆腐腦塞入覆有棉布的木框，四角拉起折疊再以木板壓平，豆干便初步成形。黃文智強調，這道手工看來簡單卻很重要，也是機器無法取代的，唯有如此才能保有紮實不硬、乾中帶潤的香Q口感。

品香世家
桃園市大溪區忠孝路 5 號 03-3382546

1. 劉清剋擅長多門傳統工藝，放眼全台灣難得一見。
2.「木嵌杯墊 DIY」等木工創意課程頗具新巧思。

民俗工藝

門口「下街四十番地」木牌標誌出日治時代的地址，這裡不只是劉清剋的工房，也曾是大溪名匠司邱家全的佛具店原址。

劉清剋的外公邱家全與外公的大哥邱家福，從日治時代到二戰後包攬了在地幾乎所有大型廟宇的神像雕刻，普濟堂、福安宮、三元宮……均可欣賞到他們的雕琢絕藝。此外，連藝陣、鑿花（註）、墨繪（註）、捏麵、紙紮、舞龍、版印、粿模等傳統工藝，也難不倒這對兄弟檔。

劉清剋從牙牙學語就圍繞在外公腳邊打轉，自然萌發對於傳統工藝的盎然興致，高中畢業後攬下傳承重任，三十年來苦心孤詣各門技藝，年近半百的清癯面龐透出一股專心致志的堅毅神情。

為了因應時代潮流，他回憶父系劉氏曾在大漢溪畔經營船運的產業脈絡，結合母系邱姓綿延至今的傳統工藝，設計出原木風車，表達「順風相送」的吉利意涵；並開發木工 DIY 課程等融合現代需求的經營取向，以創新手法讓現代人體驗老工藝的美好。

註

鑿花：木器家具上的浮雕刻花。

墨繪：以墨漆顏料在木器上描繪圖案。

下街四十番地工房

桃園市大溪區和平路 88 號　03-3882518

1. 源古本舖屋況保留完整十分難得，可一窺大溪曾為集散中心的縮影。
2. 黃屋豆干第四代黃瑞真進駐執掌品香食塾，傳遞在地鮮食美味。

老屋活化

大溪蔚為清末至日治時期的北部物產集散中心，鄰近碼頭發展的和平老街便以深具集散特色的貿易商行、南北貨店家為主，其中，古金炎於清朝時期開設的「古裕發糕餅鋪」允為代表，經營糕餅和南北貨的店裡總是人潮雜沓，宛如小型集散中心。

在老屋後人古正君的精心擘劃下，「源古本舖」開張，舊時的批發南北貨、製作糕餅與和菓子，轉換為展售各地民藝、節慶手作體驗與精緻茶席，各種活動展現家族舊時的經營內涵。

以及，舉辦「不老職人講堂」邀請在地耆老擔任講師促進世代交流、「駐場藝術家」藝文人士的展演和老屋空間激盪出新魅力。這些創意活動引爆跨世代、跨領域的能量激流令人驚豔。就算在老屋整修期間，古正君也一刻不得閒，「實境修復教室計畫」開放讓老屋經營者、建築系學生前來現場，向匠司學習傳統建築的修復技術。

留住老空間，發現新風貌，藉由人的活動，文化記憶得以從過去延續至未來，傳承不輟。

源古本舖
桃園市大溪區和平路 48 號　03-3887385

1. 一般而言三開間街屋的中庭才會設置捲棚，現況保存佳者如蘭室又更屬難得。
2. 社造工作者林昕與關注古蹟的友人們合夥買下蘭室加以修護。

老屋活化

日治大正時期，大溪進行市區改正計畫，日本政府率先找上當地富紳進行改建示範，大清秀才呂鷹揚的宅邸「蘭室」於一九一八年整修，成為全大溪首間西洋牌樓厝。

步入第一進廂房，蝙蝠、書卷及葫蘆堆疊出福氣盈門的祥兆；第二進入口匾額上書「穀詒」流露農業時代對於五穀豐收的期盼；一、二進間的「捲棚」屬於古蹟界少有的珍品，令人屏息驚嘆。

目前蘭室由社造工作者林昕夥同友人集資買下修護，二〇一六年正式開幕，在眾人的規劃下，符合老屋歷史的經營內涵一一端上。裊裊茶香中浮現大溪曾為茶葉重要集散地的產業史；選用茶葉來自日治時期鄰近的茶葉產地關西、橫山與龍潭；「鷹羊得祿」、「加官進祿」等茶品，可供一一對照屋內雕飾的吉祥意象。

此外，以藝文展覽為主軸，呼應了身為蘭室二代主人的呂鐵州在日治時期以膠彩畫（註）著稱的偉業。秀才宅邸裡茶香繚繞，與藝術創作互為輝映，撫慰來者的心靈。

註

膠彩畫：以膠、礦物粉與水調和的作畫型式，日治時期台灣稱為「東洋畫」。

蘭室

桃園市大溪區中山路 13 號　03-3873711

1. 新南一二文創實驗商行進駐老屋「燕居」的右邊間。
2. 鍾佩林（中）、近藤香子（左）、小荷（右）等人共同經營新南一二。

老屋活化

四年前的盛夏，一群在地年輕人在新南街的建成商行裡，催生出大溪第一個手作市集。就在這時，三位核心人物高慶榮、林澤昇與鍾佩林，遇見了一棟待價而沽的老屋「燕居」。燕居來歷不小，它由梅鶴山莊林登雲家族興建，初時為三開間，右邊兩間仍留存昔時洗石子的華美立面。

這三位夥伴商量後買下其中一間積極修復，加上許多在地青年加入幫忙行列，耗費一年半的時間完成整修大工程。

店如其名，新南一二文創實驗商行號召各路豪傑來擔任「一日店長」的經營方式新奇有趣，每週三有Soi495烘焙各式誘人甜點；週四有笑班的近藤香子烹煮各式日式料理；週六則由天井逅書的書店長陳柏良在第二進舉辦主題講座，挖掘地方文史深度面向。

鍾佩林笑說：「這裡是屬於大家的空間，透過每個人的專長，利用在地元素翻轉並創造出不一樣的大溪新面貌。」結合舊街名與新門牌的新南一二，每天在熱鬧聲中歡喜開張。

新南一二文創實驗商行
桃園市大溪區中山路 12 號　03-3884466

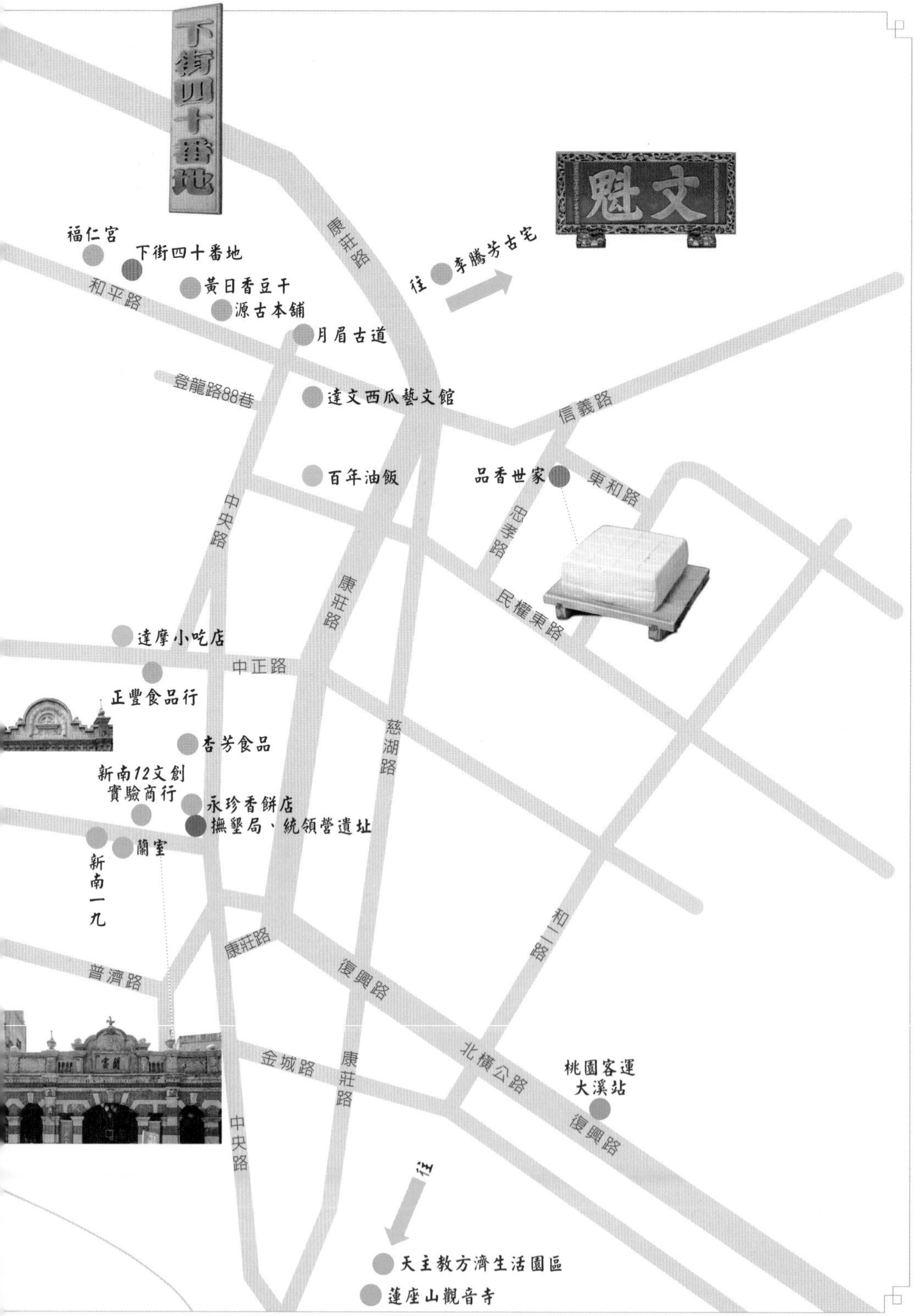

下街四十番地
文魁
福仁宮
下街四十番地
黃日香豆干
源古本舖
月眉古道
往
李騰芳古宅
和平路
康莊路
登龍路88巷
達文西瓜藝文館
信義路
百年油飯
品香世家
東和路
中央路
忠孝路
康莊路
民權東路
達摩小吃店
中正路
正豐食品行
杏芳食品
慈湖路
新南12文創
實驗商行
永珍香餅店
撫墾局、統領營遺址
蘭室
新南一九
和一路
康莊路
復興路
普濟路
金城路
康莊路
北橫公路
桃園客運
大溪站
復興路
中央路
往
天主教方濟生活園區
蓮座山觀音寺

map

桃園　大溪老街

老街範圍

和平路與中山路的牌樓厝留存最多。

如何到達

1. 於桃園後火車站的桃園客運總站搭 5096 往大溪至大溪老街站或總站。
2. 於捷運新埔站、板橋車站、永寧站、三峽等站搭乘台北客運 9103 至大溪總站。

悠遊方式

步行。

新竹

北埔舊聚落

墾拓足跡猶未遠

Route 08

北埔信仰中心慈天宮的蟠龍石柱造型華麗特殊。

慈天宮位於北埔聚落核心，自道光年間創建以來成為大隘地區信眾的精神依靠。

青翠山麓下老廟古雅，廟前人群蜂湧觀看祭祀盛典，那是初訪北埔的景象，深秋空氣中蒸騰著熱鬧歡悅的氣氛。

然而，這片看似和樂的山村沃土，卻是以族群爭鬥的斑斑血淚澆灌而成。日治時期出身北埔的作家龍瑛宗，便曾在小說〈夜流〉描寫清朝時父祖輩入墾原住民社域遭到獵首的情節，讀來令人驚心動魄。

北埔原本有道卡斯與賽夏族人混居其間，清道光年間，九芎林庄總理姜秀鑾奉淡水廳府之命開發大隘，包括北埔、峨嵋、寶山三鄉，道光十四年（一八三四）組「金廣福」墾號，和原住民激烈交戰、設置隘寮、墾拓內山、鑿埤開圳……，直至光緒年間裁撤墾號時，北埔已位居新竹第二市街，僅次於竹塹城。

甲午戰爭後日人掌權，進入北埔侵占土地，迫使本地隘勇集結賽夏族人發動全台首件武裝抗日的「北埔事件」，舉事失敗後權力者血腥鎮壓，百年前的重大史實幾被隱沒。

日治期間，北埔茶葉試驗場的設立刺激了在地茶葉的量產與質精，北埔從此走向茶金時代，成就「茶葉大王」姜阿新年年銷紅茶兩百萬噸，以及「東方美人茶」（註）擄獲英國女皇芳心的傳奇。時至今日，北埔每逢假日大街小巷仍擠滿了外地人，等待一嚐擂茶（註）的香濃滋味。

註　東方美人茶：新竹北埔、峨嵋地區的烏龍茶葉被小綠葉蟬叮咬後變質，釋出花果蜜香，又名膨風茶、白毫烏龍。
擂茶：將米、生薑、茶葉、花生等食材加工後研磨成粉沖泡成茶飲。

從民宅頂樓俯視北埔街道，慈天宮處於聚落核心位置。

北埔街是整個北埔舊聚落的中心主軸，而以慈天宮為街道端點。慈天宮至南興街口的街段舊稱「上街」，上街長度不足一百公尺，清光緒年間卻已匯聚米、炭、柴、樟腦等商家，是大隘地區日用品和山產農作的交易中心。

北埔最重要的歷史景點金廣福公館、天水堂、姜阿新洋樓、慈天宮，沿著在上街與廟前街的黃金十字比聯相接。

從南興街口至北埔國小的北埔街段舊稱「下街」，本屬城外（註）範圍，清末由於商業需求，拆除城門延續上街的繁華。日治大正年間北埔街曾改建成拱門紅磚牌樓厝，可惜大部分毀於地震及拆除，只剩少數幾棟保存原貌。

除了北埔街、廟前街、南興街、城門街等老街道，巷內民居也是構成北埔舊聚落的一部分。北埔屬於武裝移墾性質的村落，充滿防衛性設計，例如巷道狹窄迂迴、設石階圍牆，以及常可見到古井、低矮土埆厝等農業時代特色，還有許多人文風味的茶店、民宿錯落其中，為遊客帶來些許探險驚喜。

逛聚落一圈，喝擂茶、嚐粄糕、買柿餅，南端尚有忠恕堂、鄧南光影像紀念館、姜氏家廟，最後順路登上秀巒山，眺望北埔被層層青巒包覆——這的確是座得天獨厚的世外山城啊！

註　北埔原有城門，乃早期防禦用之簡單隘門，「城門街」地名即緣於此，在地耆老對於隔開上下街的西城門較有印象。

北埔街從慈天宮至南興街口的上街，和廟前街構成整個山城最熱鬧的黃金十字：

1. 中興路上的天水堂二房，由墾戶首姜氏後代姜紹猷於清光緒末年興建，惜毀於火吻。
2. 金廣福公館造型簡單樸實，見證閩粵族群合作墾拓的重要歷史。
3. 慈天宮，背倚秀巒山居北埔核心，燕尾飛翹、石基厚重。
4. 天水堂，堂號來自漢朝甘肅郡名，為北埔開墾首領姜秀鑾之故居，屬三合院格局客家民宅，左右各有三條護龍，日治時期加建洗石子外牆。
5. 姜阿新洋樓，是北埔茶葉大王姜阿新用以辦公、待客、居家的擬洋風豪宅。

1. 北埔巷弄間多鋪有懷舊風味的路名石板。
2. 武裝移墾聚落裡，基於禦敵目的，巷弄狹窄曲折無法一眼望盡。
3. 水堂內的穿瓦衫牆，具有保護土埆牆面與美觀的功能。
4. 北埔街天水茶房內的開放式欄杆樓井，可引入天光、作為搬貨孔道。
5. 北埔老街舊街屋富日治時期大正風格。
6. 基督教北埔聖潔會以簡約的洗石子外框線和磁磚十字架構成對外主視覺。

1. ～ 3. 忠恕堂是北埔秀才曾學熙家族的故居，建於 1922 年。大門屋頂燕尾脊、西式照壁，皆出自風水避煞的考量。內外使用許多擬洋風的泥塑、瓷磚等素材。
4. 鄧南光影像紀念館為一立面洗石子建築，本是鄧氏家族開設的醫院。鄧南光出身北埔望族，為故鄉留下不少祭祀活動、婚喪喜慶的珍貴影像。
5. 北埔姜氏家廟氣派華麗，大正 11 年（1922）創建，名匠師邱玉坡父子聯手完成廟內擂金彩繪。
6. 秀巒山名字由來為紀念開墾首姜秀鑾，山上有紅藍白三色開發百年紀念碑亭。

古武南以老陶磚作為個人經典茶席，表達他生命中最重要的兩件事：古蹟與茶。

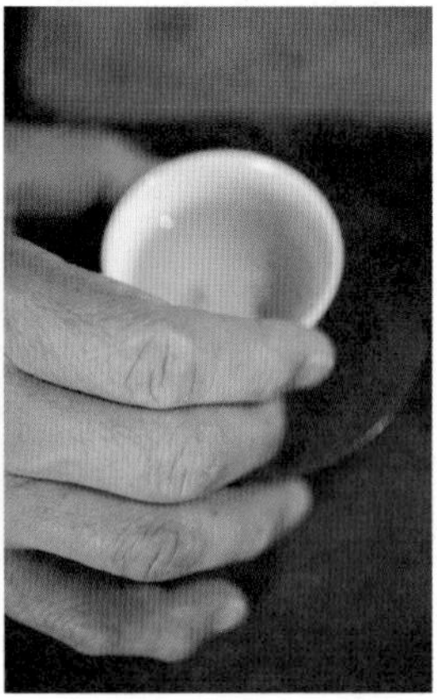

老屋茶坊

經過三年望眼欲穿的等待，古武南終於租借到一級古蹟天水堂的右外橫屋，這棟宅邸原本是北埔姜氏望族之後、新竹女中首任校長姜瑞鵬的家屋，建築樣式和洋混合，雖然隨著年久日深門牆漸趨斑駁，仍難掩大戶人家的貴氣。

古家世居北埔，老聚落的街道巷弄處處有他兒時成長的甜蜜回憶，及長後擔任北埔古蹟解說員、主編北埔文史刊物、修復百年穿瓦屋「水堂」、書寫北埔民居……，是一位真正守護家鄉文化的行動派。

從曾祖父一代開設寶記茶行，到培養子姪輩成為茶人，古武南的家族與茶連結了五代，看盡北埔茶業起起落落。基於推動在地茶文化，又可將營利投入修繕的想法，他在老屋裡開起了水井茶堂，體悟出：「我不掃地誰來掃？我不維護古蹟誰來做？」坦然面對自己的人生使命。

一塊撿來的老陶磚，成了古武南的專屬茶席，透過每天摩挲、浸染，散發出溫潤的樸拙色澤，他以生命傾注最愛事物的哲學，也盡顯其中矣。

水井茶堂
新竹縣北埔鄉中正路 1 號　03-5805122

水井茶堂位在國定古蹟北埔天水堂的右外橫屋，是新竹女中首任校長姜瑞鵬的宅邸，融合西洋與日式風格。牆上常設大扇木窗，利於通風採光。客廳的圓形木窗十分工巧，增添趣味。古武南認為這是一處有錢人家精心設計用來怡情養性的日本禪風庭院。

彭家粄糕有艾草粄、九層糕、芋頭糕、素菜包等多達十餘種，是相當費工耗時的手藝。

炊粄糕

慈天宮前的南興街上，有家小店「彭家粄糕」，民國五十年左右即開設，是在地人從小吃到大的老店，由年輕的第三代彭家麒執掌。曾經中午十一點去電約訪，電話彼端傳來睡意濃濃的聲音，令我好生奇怪：為什麼大白天的，老闆竟然在睡覺？

原來，家麒一天有兩個工作時段：凌晨四點先製作上午要賣的，像拜拜用的發糕、紅龜、素食粄糕；下午兩點再陸續製作其餘類別並為次日備料。除了每天睡眠時間被切割成兩段，身體的操勞也很驚人，才三十多歲，已經有肩膀痠痛痼疾，這也是許多傳統職人共有的困擾。

咬下一口招牌九層糕，層次分明，每一層都是細細磨米、倒漿、炊蒸，耐心堆疊而成，口感細緻滑嫩不在話下，單純的米香與甘甜在嘴裡化開，天然的美味已足夠動人。從一塊小小粄糕的製作，可以看出彭家的講究——再辛苦也不偷工，更不用自己不敢吃的原料，只為能對吃了一輩子的在地鄉親交代。

彭家粄糕
新竹縣北埔鄉南興街 90 號　03-5801356、0983-083123

李城誌編製米粉箳，他為了不讓家傳功夫中斷而回來幫忙。

編米粉箳

走在秀巒山下的小路，「唰唰唰……」富規律性的節奏傳來。好奇趨前一看，竟然是我尋覓已久的竹編師傅——李城誌，正在大廳前工作。

李城誌和父親李謙宏是全台灣僅存製作米粉箳的全職師傅，家傳竹編技藝至今已五代。米粉箳是米粉廠用以鋪晾米粉的竹製曬架，從到山裡劈竹、裁切、清洗、曝曬、烘烤、取直、剖料，然後編製，再以鐵絲綁縛邊緣即成。

李城誌的動作順暢流利，但換成一般人操作可沒看起來這麼簡單，手感、施力點、累積練習都是關鍵。李家竹編絕活還有李謙宏改良過的米籮框，用以盛裝祭拜用的水果既實用又美觀，還有十二片竹片編製一體成形的竹籃，使用一輩子仍完好如初。

這幾年，全手工竹編器具受到中國及越南工業品的衝擊頗大，所幸舊客戶比較過後還是會回流，因為，手工製作雖然貴上一些，但整體品質更加精緻，耐用度又延長兩三倍，相比之下還是划算多了呀！

竹製米粉箳
新竹縣北埔鄉公園街 15 巷 4 號　03-5801277

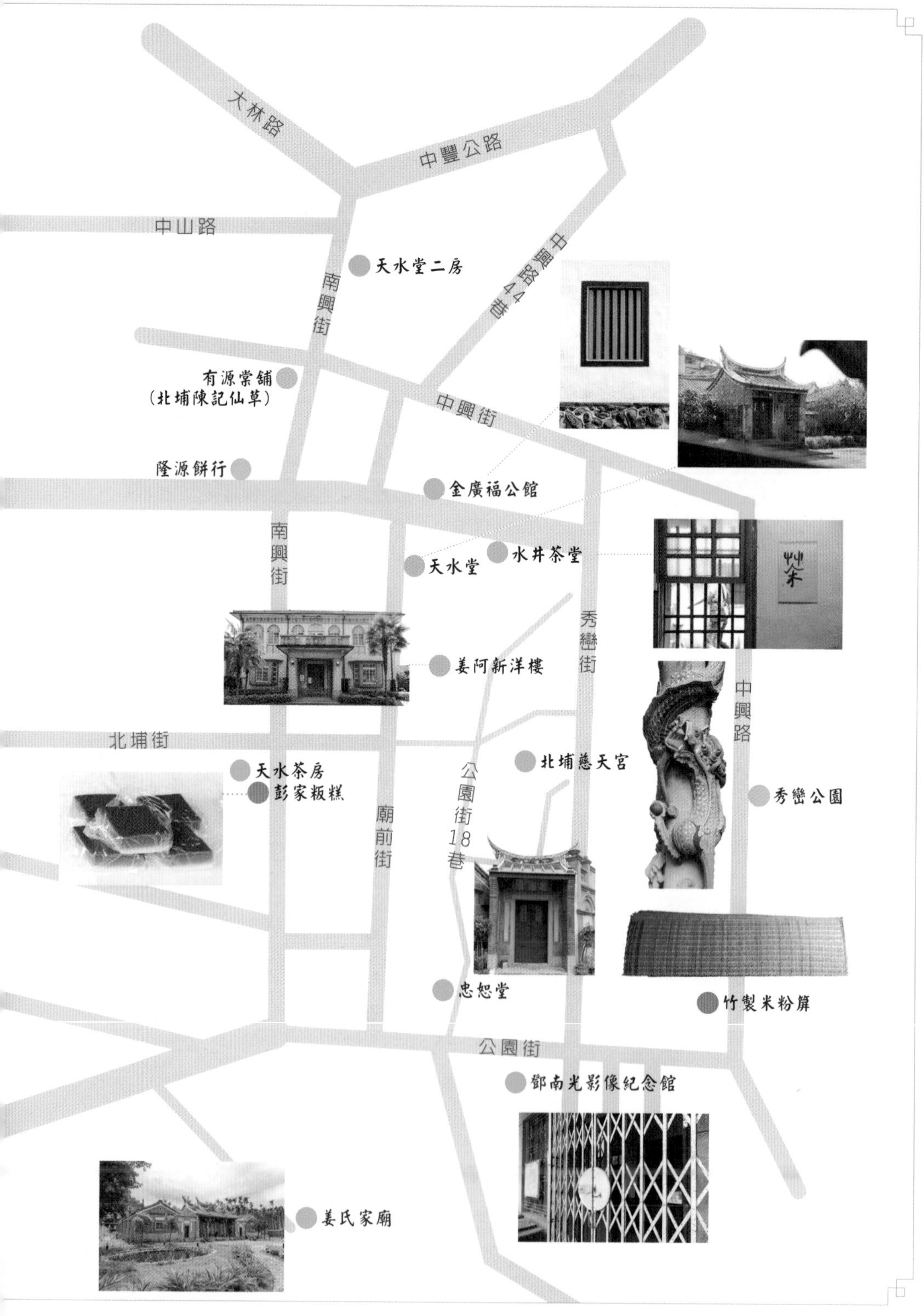
大林路
中豐公路
中山路
天水堂二房
南興街
中興路44巷
有源棠舖
（北埔陳記仙草）
中興街
隆源餅行
金廣福公館
南興街
天水堂
水井茶堂
秀巒街
姜阿新洋樓
中興路
北埔街
北埔慈天宮
天水茶房
彭家粄糕
廟前街
公園街18巷
秀巒公園
忠恕堂
竹製米粉篩
公園街
鄧南光影像紀念館
姜氏家廟

map

新竹　北埔舊聚落

老街範圍

北埔舊聚落由北埔街、廟前街、南興街、城門街等老街與巷弄串連而成。

如何到達

於新竹高鐵站或竹北火車站搭乘台灣好行獅山線至北埔老街站。

悠遊方式

步行即可。

苗栗

家家戶戶編藺忙

苑裡老街

Route

09

天下路老街上的振發帽蓆行
仍保留閩南老厝樣式。

1. 清乾隆 38 年，慈和宮建於苑裡街街首，市街以此為頂點往南作三角狀分布。
2. 從苑裡山腳里生態公園拍攝越境而過的高鐵。

苑裡原本有個非常美麗的名字「灣麗」，由世代居息在此的平埔族道卡斯人「喔灣麗社」而來，漢人於明鄭時期進入墾殖，取灣麗之音譯為「苑裡」。

清乾隆年間，苑裡與大陸福州、泉州、廈門等商港之間舟航往來頻密，輸出米、糖、豆、麻、苧、菁等原料，輸入布帛、雜貨等物資。但自日本治理台灣，限制中國船隻只能出入基隆、高雄、花蓮三大港，苑裡的商業活動隨之擱淺，直至藺草帽蓆業興盛才又再度活躍起來。

一般人習稱「大甲草蓆」，因為藺草昔稱「大甲藺」，大甲曾是藺編帽蓆集散中心，而苑裡則是生產重鎮。清朝時，苑裡平埔族即有採摘野生藺草編製草蓆的技藝，漢人見之加以仿效並栽植藺草，品質大幅提升，極受駐台清廷官吏愛用。當時的詩人范道瞻還作詩頌讚：「台灣草蓆輕且柔，五月坐臥拂清秋，悠然午睡不待枕，屈肱坦腹輕王侯……」

日治時期，藺編帽蓆產在日人鼓勵下產業蓬勃發展，而編製草蓆者以女性為主，收入優渥甚至遠高於一般男性，《苗栗縣志》便有記載：「一九三〇年代是本省草帽的黃金時代，當時苑裡一位帽蓆女工收入，足可維持一個小家庭生活」，因此使得苑裡曾經出現「人重生女不生男」顛覆傳統的現象。

天下路老街靜謐中透露幾許產業史的滄桑。

從苑裡火車站走出來，站前的天下、為公、建國、和平、大同等數條熱鬧街路，一路鋪展到世界盡頭（世界路底），構築成苑裡鎮的市街中心，路名的盛大氣勢對比小鎮的淳樸風情，產生的趣味反差令人莞薾。

天下路從日治時期就是苑裡最繁榮的街道與政經中心，老街兩旁分立整排古色古香的屋宇，正當草蓆內外銷的全盛時期，這裡曾有多家帽蓆商行競相開設，街道處處散溢藺草幽香。

苑芳齋佛具店和振發帽蓆行是天下路老街唯二兩家老店。苑芳齋於日治時期開業，有自製禮餅、花生飴、肉類製品等，第二代曾遠赴日本習作和果子、羊羹，也代理日本森永、明治、日清等製果株式會社的食品。目前雖已轉型為佛具店，每年中秋節至清明期間，仍遵循祖傳古法製作花生粩。

天下路老街僅四百多公尺長，遊人來此若感覺不夠盡興，可往苑裡市場踅一踅，添辦在地人所推薦鄭進發的魚丸魚漿或垂坤食品的肉干豆干。或者，和我一樣隨意尋訪明街暗巷，其間自有許多形制典雅的老屋一再予你驚喜，例如為公路上的茂元耳鼻喉科診所、建國路上的郭牙醫診所，一中一西，各自詮釋舊年代醫療建築的雍容氣派。

1. 苑裡地區的對聯文句頗多講究，且富有藏頭詩趣味。
2. 苑裡市場旁的連棟紅磚厝裡有老店家營生。
3. 苑裡魚丸以鯊魚肉漿製成，享譽全台。
4.、5. 街區裡的的老醫療建築：茂元耳鼻喉科診所、郭牙醫診所。

1.、2. 房裡古城聚落古風猶存，遊人少至。圖 1 為古蹟蔡泉盛號。

3. 房裡順天宮於咸豐 6 年創建，廟前立有義渡碑亭，為房裡溪設義渡船以濟行人的史實刻下見證。

房裡古城距離苑裡市區步行約十五分鐘，是通往鄰鎮大甲的交通要衢，市街興起原因與苑裡的漳泉衝突有關。《苑裡志》云：「咸豐三年以後，漳、泉往往不能相能……，各處泉人始建街衢於房裡莊之北。」房裡街初成時期，經濟發展甚至勝過苑裡街，鹽館與染布業發達，並建有土石城牆加以捍衛，可惜遭遇火災損毀已不復舊貌。

苑裡的另一大舊聚落山腳里，近年來因有藺草文化館在此開設而打開觀光知名度，但更令我感興趣的卻是巷弄間隨處可見的尋常民宅。這些民宅究竟有何特出之處？仔細探看，你會發現許多店家門口的春聯均依其行業類別量身訂作，並隱藏店家名稱字頭，例如錦山飲食店：「錦上添花財廣進山珍海味利市來」、泰生中藥房：「泰世保康寧脈理奇方存肘後　生機欣活潑醫療妙藥貯壺中」。

我不禁想像，如果家家戶戶都像山腳里的人家這樣用心，願意在春聯上大做文章，那麼不管遊走在全國各地的哪一條大街小巷，應該都會覺得興味盎然，這，不就是一種如其真實又深富特色的「文創」嗎？

1. 山腳國小日治後期宿舍群的老樹、老屋年歲久遠。
2.、3. 山腳里泰生中藥房老闆黃傳欣展示其舅舅吳左炎先生的詩作，其店面對聯數十年來皆由這位苑裡詩人題擬。
4. 山腳里的春聯常依行業別量身訂作，饒富興味。

振發帽蓆行曾接受蔣宋美齡委託設計附墨鏡的草帽。

藺編帽蓆

天下路上最老的帽蓆店家振發，仍維持百年前興建時的外貌，只消瞄一眼那古樸的水藍色木門，便可以充分感受到那份和產業同樣久遠的歷史氣息，經過這裡，若不繞進來挑一兩樣在地人手編的草帽、蓆墊，未免太過可惜。

老闆張維泰是第三代，據他所說，以前的藺草帽蓆外銷金額曾有一度僅次於米、糖，位居台灣外銷產品第三名，相當驚人！張維泰從小眼見家族父祖輩合力經營，自己國中下課後也得幫忙製作。產業歷經數次盛衰更迭，如今苑裡鎮上只餘四間帽蓆行，振發仍和在地保有技藝的婆婆媽媽們合作生產，這些藺編師傅平日各自在自己家中製作，再由振發收購，加工塑型、車縫成品。

藺編帽蓆從民國五、六〇年代的內銷黃金期一路走來，到現在因市場及人力因素，變成亟需扶植的珍稀產業。張維泰抱持著使命感繼續投入，只希望這門深具在地特色的傳統技藝，能行之久遠承續不斷。

振發帽蓆行

苗栗縣苑裡鎮天下路 159 號　03-7861026、0933-517789

老闆娘邱秀玲攤開草蓆向客人講解如何分辨優劣等級。

藺編帽蓆

見成的老闆陳進明說，有一次去領戶口謄本，才知道曾祖父也有從事帽蓆產業，還遠銷到大陸，因此算起來已經是四代執業，堪稱家學淵源，就連太太邱秀玲也是從七歲就開始協助母親製作藺編。

見成有在地固定合作數十年的藺草農夫，聽老闆娘講起藺草經來頭頭是道：「藺草一年有三季收成，其中以第二季品質最佳，纖維富韌性而結實，用台語說就是『硬骨』，色澤漂亮長度也足，是上等帽蓆的原料。」

以肉眼觀察，就可以清楚看見藺草莖內部有充滿氣孔的海綿組織，老闆娘解說：「這些海綿組織具有吸取汗水、排解暑氣、防止身體滋生黴菌的功能。」

在炎炎夏日使用藺草蓆，冷氣可以少開個兩、三度，使用得當的話二十年都不會壞，就算壞了也能送回店裡修補，在強調天然材質、環保節能的現代，這項老祖先的寶貝實在值得重新被珍視。

見成帽蓆行

苗栗縣苑裡鎮天下路 20 號　03-7861214、03-7863214

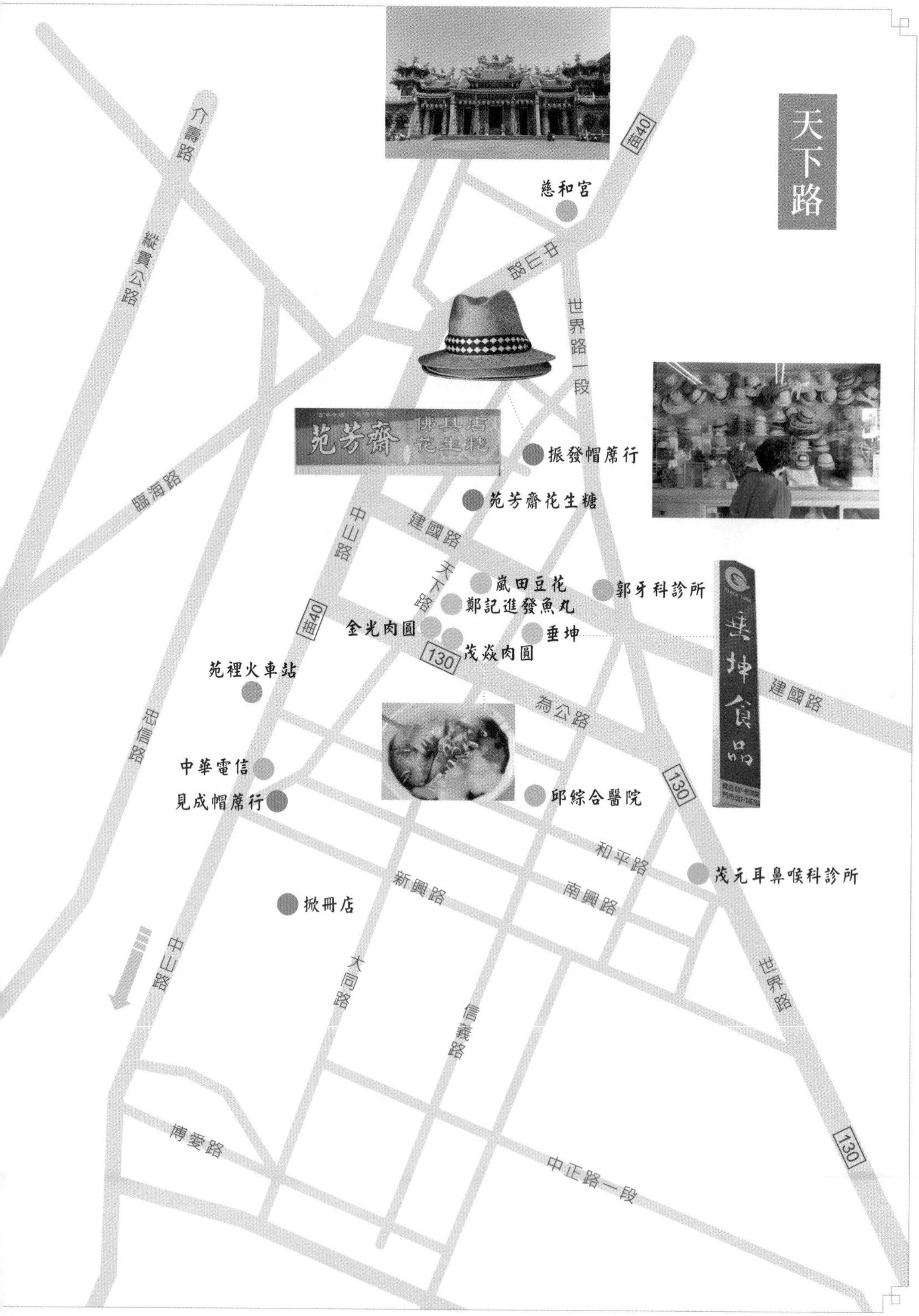
天下路
慈和宮
苗40
介壽路
縱貫公路
中仁路
世界路一段
苑芳齋
佛具店
花生糕
振發帽蓆行
苑芳齋花生糖
臨海路
中山路
建國路
天下路
嵐田豆花
郭牙科診所
鄭記進發魚丸
金光肉圓
垂坤
茂焱肉圓
苗40
130
苑裡火車站
忠信路
為公路
建國路
垂坤食品
中華電信
見成帽蓆行
邱綜合醫院
130
和平路
茂元耳鼻喉科診所
新興路
南興路
掀冊店
中山路
大同路
信義路
世界路
博愛路
中正路一段
130

map

苗栗　苑裡老街

老街範圍

苑裡市區以天下路老街為主，另有舊聚落房裡古城和山腳里。

如何到達

1. 苑裡火車站前步行 2 分鐘可抵苑裡老街。
2. 從苑裡車站步行 15 分鐘可抵房裡古城。
3. 山腳里距離較遠，需搭乘汽機車。

悠遊方式

步行。

中

台中

南屯老街

日常生活進行式

Route
10

老街裡屋齡 150 年的林金生香餅行。

1. 南屯老街蜿蜒曲折，範圍包括萬和宮前的萬和路、南屯路一帶。
2. 地方上自古有躦鯪鯉的習俗，每逢端午總會在老街舉辦相關活動。（張經岳／攝）

南屯老街和台灣其他老街很不一樣，平常的日子裡不太會有觀光客特地造訪，一年裡似乎只有端午節這一天才會湧進大批人潮。說起來，如此特殊的端午慶祝活動和在地開發歷史淵源匪淺。

南屯地區原本是平埔族貓霧捒社的獵場，清朝年間漢人陸續移入拓墾，康熙四十四年（一七〇五），清廷將領張國征討原住民有功，奏請墾耕南屯獲准，自此開發規模日盛。及至乾隆時期，這一帶漸漸聚店成街，市況勃興，成為鐵器農具「犁頭」的製造與交易中心，「犁頭店街」之名不脛而走，後來又因位於大墩（今台中公園內的土丘）之南改稱「南屯」。

根據民間傳說，將領張國來此開墾，使得原本在這裡棲息的動物大舉遷移，只剩下鯪鯉（穿山甲）鑽入地下沒有離去，而且還會協助翻土使農作物豐收。風水學則號稱，犁頭店為「鯪鯉穴」，有利於庇佑地方繁榮發展。而因為鯪鯉素有冬眠的習性，農民每逢端午節到來就要發出巨大聲響吵醒鯪鯉來幫忙耕作，於是「穿木屐躦鯪鯉」的節慶習俗流傳百年至今。

不管傳說是否屬實，至少台中有一個能反映在地拓墾歷史、又有別於划龍舟的端午活動，也挺不賴的，是吧！

南屯市場是台中最早的傳統市場，也是傳統美食重鎮。

幾年前尚在台中的出版社任職，每個夜晚總是拖著疲累的身軀下班，路過南屯老街，去吃一碗古早味陽春麵配碟黑白切，為肚腹與靈魂尋求些許慰藉。

彼時還不清楚，這個以南屯路和萬和路交會，俗稱「三角街仔」的老街區，是全台中第一個形成的街市，只是默默欣賞兩旁古意雅緻的紅磚洋樓，讓它在我心上留下一幅美麗而模糊的影像，直至從繁忙的工作抽身後，始有餘力去踏查屬於這裡的歷史。

一大早搭公車來到南屯市場站，市場早已恍如戰場般，叫賣聲、殺價吶喊此起彼落。裡頭還有屹立近四十年的資豐美食，以麻油飯和炒麵為招牌，另一家老攤富春肉圓常常還不到十二點就賣光光，想吃最好趁早。

沿南屯路往東行進，兩旁成排紅磚樓房夾道，許多店家已經打開門來做生意，雜貨、種苗行、青草店、中藥舖、糙米麩、豆腐工廠、碾米廠……，一路沿老街廓鋪展，其中不乏傳承無輟的百年家業，向來以在地居民的生意為主，門面店招大多維持親切的古樸風味。

1. ～ 4. 街上尚可見碾米廠、冰果店、種苗店、青草藥等老店家。
5. 以往南屯曾種植大量水稻與菸草，因此設有人力推動的輕便台車站。

1. 聽在地耆老說，南屯溪在此蜿蜒成「犁頭」形狀，深深影響這裡的地理風水。
2. 以三角街為名的人文茶館，山牆上有屋主姓氏和天使、卷草紋等浮塑雕飾。

南屯路與萬和路交叉口舊名「三角街仔」，街頭矗立一棟仿巴洛克式洋樓，沿用舊地名開設人文茶館，可惜建物主體被誇張的廣告看板遮去了大半，讓人只好委屈地把視線限縮在雕飾典雅的山牆上。

從三角街取萬和路往南走，走經林金生香餅行不妨走進去瞧瞧，它現在改造成老屋茶飲空間，為台中特有農產「麻芛」端出多種創新飲食。再往下直抵萬和宮，這裡是南屯地區十二大姓民眾的信仰中心，主祀聖母媽祖，創建將近三百年為台中第一古廟，在廟裡小歇片刻，頗有收神靜心的效果。

循廟前的小巷道繞回南屯路，一出巷口右邊間即是慶隆犁頭店，老街僅存唯一的一家打鐵店，幸有新血願意接棒，繼續擊打出鏗鏗鏘鏘的節奏，如同老街心臟一般的搏動，延續從古早至今的產業命脈。

想到我腳下這塊方寸之地正是台中城的起點，每個時代裡，都有這些新一代對在地全然地認同與投入傳產，老街才不至於淪為樣板化的觀光景點，而是如此真實生活著的一條街。

我私心認為，這樣看似無什稀奇的日常進行式，卻是不可多得的老街風景啊！

1. ～ 2. 建於 1726 年的萬和宮是南屯地區民眾的信仰中心，斷簷升箭口的三段式屋簷，燕尾翹脊曲線飄逸。廟宇內石刻、木雕藝術皆細緻精美，古意盎然。
3. 自清道光 5 年以來，萬和宮於每年農曆 3 月由各姓氏信徒輪流請媽祖觀賞「字姓戲」。
4. 萬和宮前方的文物館也是南屯麻芛文化館，可入內了解此一特殊的產業歷史。
5. 南屯老街區裡，巷弄間藏有多處古厝。

1. 陳老闆笑說，每當米香爆出常有識途的麻雀飛來覓食。
2. 包裝袋上還原了店家建築舊時樣貌。

1

2

磨米麩

「砰！」一聲巨響在街頭爆裂開來，甜滋滋的米香隨著陣陣白煙布滿空氣，這股甜香瞬間將我拉回童年，那個手捧一塊爆米香就心滿意足的單純時光。

頭戴鮮黃色隔音罩的老闆，身手俐落地把糙米、黑豆、薏仁等五穀雜糧分次放進壓力鍋，待一一爆開後，再倒入粉碎機輾壓成粉，動作熟稔似乎已成為與生俱來的本能動作！

外型斯文的陳老闆頂著成大歷史系畢業的高學歷，因不忍家業中斷毅然回來繼承。米麩在早期被稱為窮人的奶粉，它保留了天然穀物的豐富營養，這家老店是南屯地區創立最久、碩果僅存的傳統米麩店。

店屋的兩層紅磚樓房看起來大有來歷，從老闆口中得知，原來民國四〇年代時這裡是南屯第一家戲院「南屯戲院」，也是有小姐坐檯的「南海酒家」，有如此戲劇性的過往，也難怪念歷史的老闆要特地把老屋印在包裝袋上，成為店家獨一無二的識別標誌了。

中南糙米麩
台中市南屯區南屯路二段 670 號　04-23893519

1. 慶隆犁頭店的少年頭家蔡進永延續老街產業命脈。
2. 手工打造的鐵器傳遞手感溫度。

打鐵

來到南屯，若說有絕不能錯過的去處，那就是這裡了。老街古地名「犁頭店街」，即和清朝時期此地大量製造犁頭農具有關，全盛時期這一帶的打鐵店舖多達二十九家！如今因農業逐年萎縮，只剩慶隆一家尚存。

「鏘！鏘！鏘！」第三代傳人蔡進永身穿全套迷彩戰鬥衣，在店門口奮力揮動手中鐵鎚，敲打燒燙炙紅的鐵片，火星四處飛濺，這樣富節奏性的認真身影，早已成為老街上深植人心的一幕影像。

請教這位年輕頭家對於未來走向的想法，他分享心得：「目前打鐵業還屬於迎合客戶的被動生產，未來想走向小量生產精緻工藝刀，創造這方面的收藏需求。」

打鐵工作之艱苦不為外人所悉，即使設備多已機器化，仍要忍受夏季嚴酷的高溫試煉、日日捶打的體力辛勞，眼前這位年輕人，不但願意傳承這門古老行業，還積極苦思產品轉型與產業提升，我只有在心裡嘆服他的毅力與堅持！

慶隆犁頭店
台中市南屯區南屯路二段 529 號　04-23893199

老屋茶點

三角街另一頭的萬和路有家老屋改造空間「研香所」，是百年餅舖「林金生香餅行」的發祥地，說起林金生香，在地人無不知曉，舉凡拜拜、婚嫁必定會來交關，購買手工製作的麵龜、喜餅等傳統糕餅。

這棟老屋裡裡外外都可以發現不少舊時遺痕：刻意保留的亭仔腳紅磚拱門、阿嬤時代的粉紅磁磚和近代的馬賽克磚並陳牆面、貫穿一二樓的貨梯空間改置採光天窗……無處不見經營者視老屋為文化資產的經營用心。

林金生香第五代傳人林玉凡，正致力於開發「麻芛」融入飲食的各種可能，他說，日治時期日本政府在台灣中部推廣栽種黃麻，種植範圍僅止於彰化以北、豐原以南，因此黃麻的嫩葉「麻芛」成了台中地區特有的風土食物。

林玉凡想到，既然抹茶可以成為日本的國民美食，為什麼麻芛不行呢？於是迸發出麻芛糕餅、麻芛茶飲等種種令人驚豔的創意。

選了個臨窗座位，悠閒地輕啜麻芛拿鐵，再配口戚風蛋糕，任淡淡的青草香在舌尖化開。往外看去，對街的艷星美容院和小世界玩具行，那古樸的模樣似乎從數十年前至今都容顏未改，於是我也安下心來，靜靜品嘗這時光堆疊的韻味。

研香所
台中市南屯區萬和路一段 94 號　04-23899859

玩具行
艷星美容

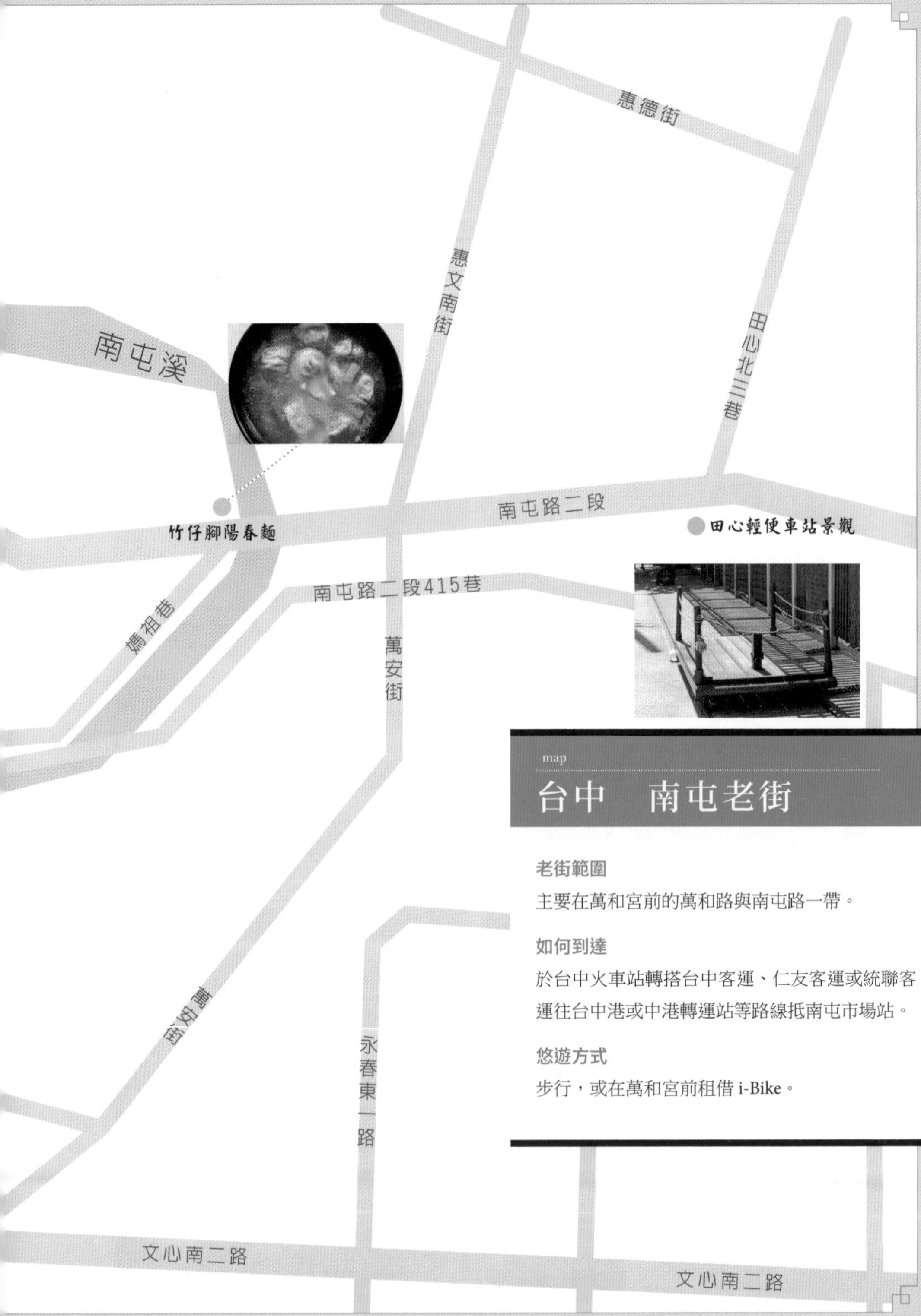

map

台中　南屯老街

老街範圍

主要在萬和宮前的萬和路與南屯路一帶。

如何到達

於台中火車站轉搭台中客運、仁友客運或統聯客運往台中港或中港轉運站等路線抵南屯市場站。

悠遊方式

步行，或在萬和宮前租借 i-Bike。

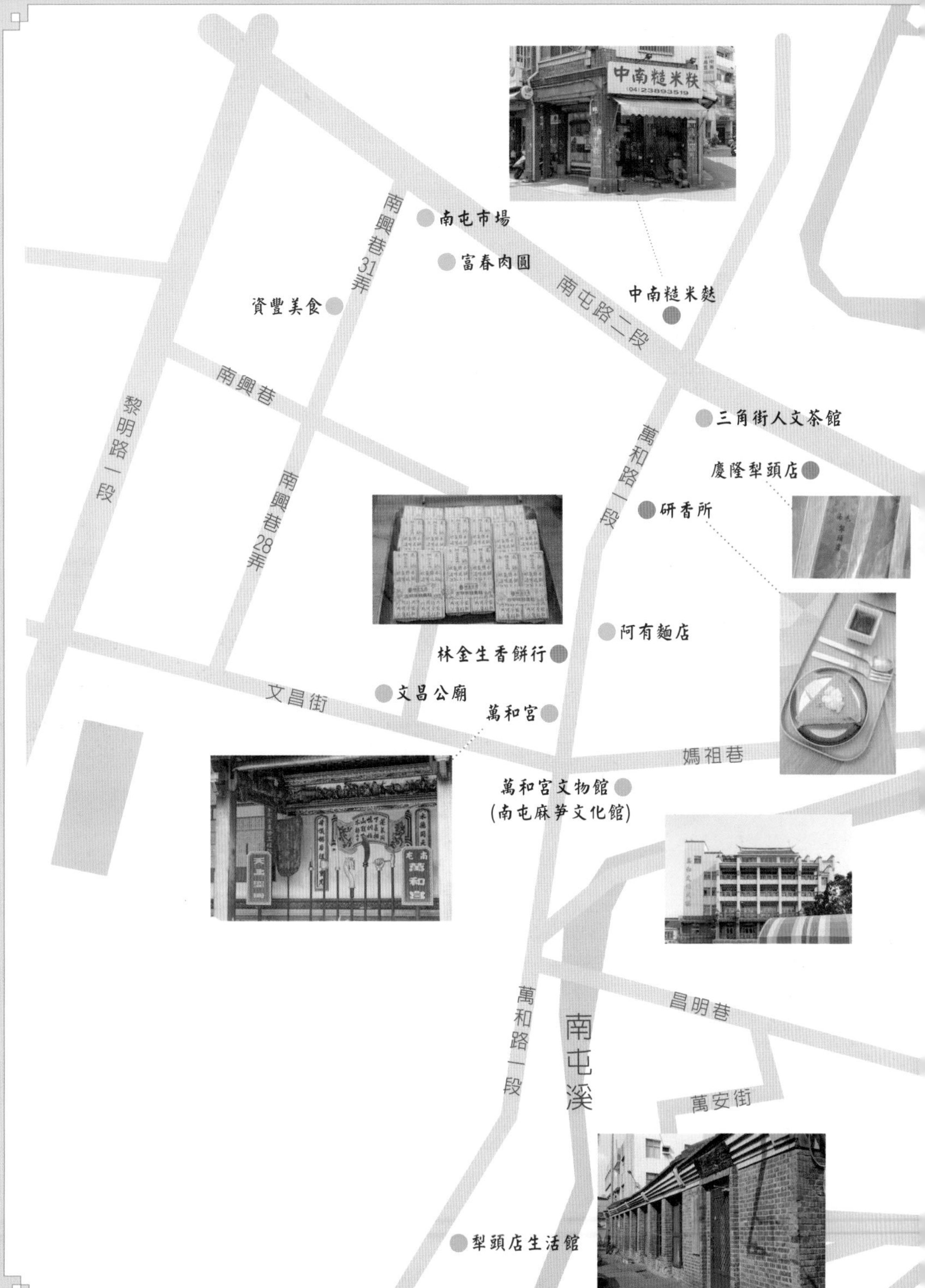
南屯市場
富春肉圓
資豐美食
中南糙米麩
南屯路一段
南興巷31弄
南興巷
黎明路一段
南興巷28弄
三角街人文茶館
慶隆犁頭店
萬和路一段
研香所
阿有麵店
林金生香餅行
文昌公廟
文昌街
萬和宮
媽祖巷
萬和宮文物館
(南屯麻芛文化館)
萬和路一段
南屯溪
昌明巷
萬安街
犁頭店生活館

彰化

鹿港老街

泉州工藝多風華

Route

11

鹿港埔頭街民居的門面。

1. 鹿港龍山寺格局仿照泉州開元寺，被譽為台灣現存最佳清代傳統建築。
2. 龍山寺戲台上方的八卦藻井是台灣現存最早作品。

清乾隆四十九年（一七八四），鹿港因港闊水深可行駛大船，又早已是中部貨物集散地，遂獲清廷詔准與福建泉州蚶江通商，成為台灣第二大貿易要港，博得「一府二鹿三艋舺」之美名。

當時鹿港設有八個聯合同業公會：泉郊、廈郊、南郊、郊、油郊、糖郊、布郊、染郊，稱為八郊，掌控全鹿港六百多家商號，由內地富商出資經營，運送台灣中部的米粟糖油至大陸販賣。從道光十年的彰化縣志記載可窺其盛況：「總港大街，街衢縱橫皆有，大街長三里許，泉廈郊商居多，舟車輻輳，百貨充盈。台自郡城而外，各處貨市，當以鹿港為最。」

因與泉州對渡，當地人大量來到鹿港發展，而泉州自宋元時期就被譽為世界第一大港，民間工藝水準高超，隨著移民引進並發揚光大，備受稱道的「鹿港師傅」至今仍引領台灣傳統工藝風騷。

可惜清咸、同年間，濁水溪氾濫致使港口淤淺，加上海岸延伸市街距海日遠，自此河運之利中輟，斲喪經濟命脈，一甲子以來「西望重洋，風帆爭飛」的壯闊景象不再。

今日的鹿港雖卸下商賈繁忙，三百年來積累的文化底蘊依舊繁麗，其巷弄之古樸幽致、工藝之精雕巧琢，與京都風情相比，其實未見遜色。

1. 日茂行　2. 一旁的林源和商號　3. 老街裡的再烏魚子

從中山路北端的天后宮一路走到南端的龍山寺，巷弄裡四處盤踞清領時期的閩式古厝，走到大街上日本時代的洋風店屋迎面而來，一代代人生活的沿革隨處可得到印證，這就是鹿港的獨特魅力。

鹿港古式街特色為蜿蜒曲折的「九曲巷」，由早期居民沿河道建屋有機形成，多重曲折的圍牆可阻擋冬季「九降風」的風砂，鹿港竹枝詞便以「十月風沙吹不入，九天霜雪凍難侵」加以形容，範圍包括泉州街、埔頭街、瑤林街、大有街、金盛巷、杉行街、石廈街等。

清朝時泉州街一帶船頭行林立，規模最巨者為鹿港首富林振嵩經營的「日茂行」，位於泉州二路。當時船隻可直接停泊於船頭行廣場前的碼頭，但兩百多年來滄海早成桑田，難以想像這裡曾有港灣。

往南走有間再烏魚子，經常當街曝曬這黃澄澄的「烏金」，引得行人垂涎不已。康熙年間鹿港即為季節性烏魚港及小商港，《台灣府志》中便記載了鹿港冬日捕取烏魚的景象。

1. 瑤林街　2.「三槐挺秀」王宅　3. 半邊井　4.「門迎後車」隘門

遊客最愛造訪的瑤林街，街上有捏麵人、吹糖等傳統手藝，手藝工巧令人稱奇。街上門楣題字「三槐挺秀」的王宅，堂號源自於宋朝監察御史王佑期許子孫官居三公宰相而種植三棵槐樹，後來次子王旦果真官拜宰相，後代便以堂號誌之。此外，古早時代並非家家戶戶都有能力鑿井，王家慨然分享「半邊井」供街坊取水的美德猶為人津津樂道。

清代鹿港街區已實施人車分道，後車巷是車輛運送貨物的主要道路。鹿港曾有多次漳泉械鬥，殷戶仕紳基於治安考量，在各個角頭界線設置數十個隘門，一入夜即關閉防止盜匪，目前僅餘後車巷一座。後車巷的隘門兩側有花崗岩夾柱石，門楣上書「門迎後車」，記錄場景歷史。

〈鹿港七月普渡歌謠〉曾提及「十九杉行街」，杉行街以往是木材店、手工藝品及家具製造地區，屬於九曲巷之一，如今已看不出曾經的產業脈絡，只有曲折蜿蜒的巷弄依舊。

街上有兩家近年新開張的老屋空間：書集喜室和萊兒費可唱片。書集喜室的老屋建於昭和六年，一樓是中國清朝閩南式建築的碧藍木板窗；二樓卻是日本時代的仿巴洛克洗石子立面。店主黃志宏基於「想讓更多人知道老房子可以修復」，打開門來經營書店，內部早期的生活格局一覽無遺。

萊兒費可唱片的老闆 **John** 孩提時浸淫於古城的文化氛圍，留學回來後發現了老房子的珍貴價值。他在這家清朝古巷裡的日治時期老屋開店實現藝術創作，也冀望藉由收入來維修老屋，讓老屋續存。

中山路曾是清朝五福大街的主街，日治時期市區改正後變成和洋風情的街道樣貌。

清朝時中山路是五福大街的主街，因應開港後貿易量大增而增闢，為當時全台最長之商店街，清末文人洪棄生：「樓閣萬家，街衢對峙，有亭翼然。亙二、三里，直如弦，平如砥，暑行不汗身，雨行不濡履。」傳神描寫商店雨棚相連的「不見天街」。但日治時期實施市區改正，基於衛生因素拆除街屋，被西洋裝飾藝術風格的街屋取代，形成今日主要面貌。

近民權路口的三山國王廟，由廣東潮州客家人興建，具同鄉會館功能。雕刻風格厚實樸拙、紅底青邊配色特殊，與閩南寺廟風格大異其趣。

清代時泉郊與大陸泉州地區貿易，以進口石材、木材、藥材、絲布、白布為主，為鹿港八郊之首，其會館是八郊中規模最大且唯一尚存者。

富過三代才懂吃穿，鹿港悠久文化孕育出精緻茶點如鳳眼糕、狀元糕等，玉珍齋、鄭玉珍、鄭興珍是知名老餅舖。

元昌商行於清光緒年間開設布莊及染坊，盛極一時。大廳的「雙樓井」兼有通風、採光、升降貨物等功能，見證早期建築設計的智慧巧妙。

清道光年間丁氏家族來台經商，事業功名皆有成後興建丁家大宅，又被稱為「進士第」，是少見的三坎五落兩過水的大宅。丁宅後門可接至鹿港民俗文物館，領略大正時期豪宅的奢華氣派，轉個彎到石廈街，又是古風猶存的鹿江曲巷。

中山路一帶：

1. 三山國王廟由廣東潮州客家人興建，具同鄉會館功能，建築風格特殊。
2. 泉郊會館是鹿港八個郊行中規模最大且唯一尚存者。
3. 歷史悠久的鹿港擁有多家知名老餅舖，玉珍齋即是其一。
4. 前身為清代染坊的元昌商行，是鹿港唯一具有雙層樓井的古厝。
5. 丁家大宅第一進外觀改建成洋樓，但內部仍保存傳統格局。

1.、2. 鹿港民俗文物館，日治時期原為辜顯榮宅，風格奢華，時有「大和大厝」之稱。
3.～5. 石廈街，也屬於九曲巷，離鬧區較遠，遊人少至，昔日風華仍遺留在古樸曲巷間。

1. 施竣雄師傅在土胚上糊紙製作獅頭紙殼。
2. 因應市場開發的小型樹脂獅頭。

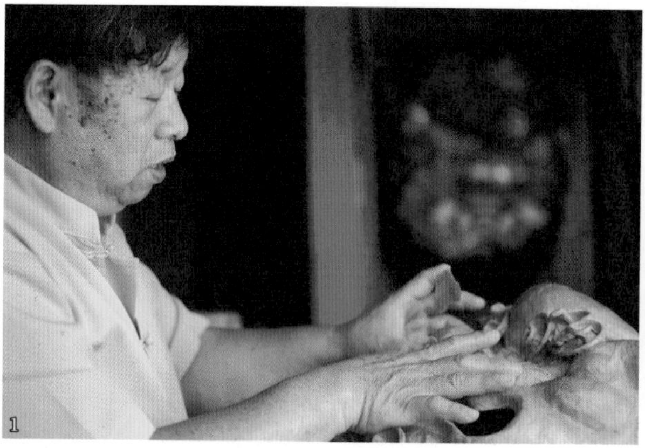

獅頭製作

桂花巷藝術村裡有家風格別具的獅頭製作工坊，施竣雄師傅製作獅頭已有數十年經驗，從小便幫忙父親繪製獅頭，但小孩子玩心重，每次都是應付交差了事，一直到成年去台北當兵，有次大雨過後看見操場上濕淋淋的泥巴，福至心靈挖起泥巴塑模，憑著記憶完成了屬於自己的第一顆獅頭。

製作一副獅頭必須先以泥土塑模製作初胚，風乾後糊上十～十二層牛皮紙和棉布，曬乾後敲掉內層土模，周邊框上竹條、割開嘴巴，在紙殼上以油漆彩繪，再加上眉毛、眼睛、鬍鬚等，一副獅頭便要費時一個多月。

台灣北、中、南的獅頭種類都不同，許多客戶也會指點製作的方法或材料，數十年來施竣雄便從這些訂單中不斷磨練，建立起深厚的手藝。每次客戶下訂時，他會特地製作兩副相同的獅頭，一副交貨、一副保存，於是工坊裡便掛滿了風貌各異、雄糾糾氣昂昂的獅頭。

尸公館工坊

彰化縣鹿港鎮桂花巷藝術村 15 號　04-7774042

陳朝宗師傅揮舞扇藝大半生。

手工扇

鹿港天后宮附近的陳朝宗手工扇，店面雖小卻藏有許多難得一見的扇藝珍品，跟老闆多聊幾句，或許他會很樂意挖出沒展示出來的私家珍藏。

扇子款式可粗略分成兩大類：團扇和摺扇。團扇圓形或近圓形，有扇柄，歷史較悠久，唐朝王昌齡詩作〈長信秋詞〉：「奉帚平明金殿開，且將團扇共徘徊。」摺扇相傳為日本人改良的形式，製作技術較繁複，便於攜帶。

日治時期彰化設有製扇工廠，至今鹿港還有少數幾家純手工製扇，陳朝宗即是其一，他十六歲時進入東華扇廠當學徒，四十七歲創業自立門戶，揮舞扇藝大半生。

製扇步驟大致為浸泡竹子、燻硫磺、剖竹篾、編扇骨、糊扇面、糊紙邊等，道道程序需要無比耐性與細心。陳師傅瞇起了雙眼在扇面上作畫，偏窄桌面自成一方安靜小天地，店頭外的人車雜沓似乎都與他無關。

陳朝宗手工扇
彰化縣鹿港鎮中山路 400-1 號　04-7775629

透過許陳春的慧心巧手，立體繡作品維妙維肖。

立體繡

許陳春師傅誕生於工藝世家，她從小與弟弟陳萬能向父親學習錫藝，但比起陽剛的錫器，身為女孩子對於繽紛多彩的針線活更是滿懷憧憬，她常跑去看裹小腳的阿嬤縫製三寸金蓮，十二歲便有模有樣地做出成品。如今弟弟開創台灣錫藝新境界，而她專注刺繡，發展出全球獨一無二的立體繡，兩位同樣都是屢獲工藝獎肯定的國寶級大師。

古今中外獨一無二的立體繡，來自許陳春某次觀看弟弟的立體創作後獲致的靈感。立體繡的製作方式大致為：繪圖、繡圖樣、塞棉花、繡金銀蒼、打漿、縫合。

只要和刺繡沾上邊的手工藝品，都難不倒許陳春，不論平面繡、肚兜、三寸金蓮、春仔花、桌巾、八仙彩、神衣等，她做起來都得心意手，目前銷售量最佳的是八仙彩等宗教商品，甚至還有寺廟特地跟她訂製三寸金蓮，讓媽祖金身穿戴，她得意地說：「雖然不是真的走路在穿，但我做的三寸金蓮不偷工減料，可是很紮實耐穿呢！」

巧昕立體繡

彰化縣鹿港鎮四維路 20 號　04-7750806

製作錫器程序：熔錫、灌模、壓錫片、打樣裁剪、冷鍛塑型、焊接、銼修、拋光、擦洗。

錫藝

錫的閩南音近「賜」，帶有祝福意涵，自古便是製作燭台、柑燈等宗教禮器，與水壺、茶葉罐等生活用具的素材。早期農業社會，家家戶戶視神明廳的錫器擺設如同門面，需求極大，鹿港坊市隨處可見錫器店舖。

清末時，泉州打錫師傅陳賜身懷一塊製錫石模來台，落籍鹿港開設錫舖，傳至第三代陳萬能時，大時代生活型態驟變，錫藝市場日趨式微，十四歲即入行的陳萬能於是苦思，如何突破傳統力行創新，將一成不變的錫器實用化、藝術化，又改善錫器過軟、氧化泛黑等問題。

如今，陳萬能的錫藝廣受肯定，從寂寂荒漠走到遍地開花，他分享一路走來的智慧：「一定要創新，我常說今日的傳統就是昨日的創新。還有就是呷久慢行（台語），你的創新讓人接受是需要時間的，總是要一步一腳印。」

十八世紀落成、被譽為清代建築瑰寶的龍山寺，與寺前二十一世紀再創錫藝巔峰的萬能錫舖，工藝風華自古傳襲至今，互為輝映。

萬能錫舖

彰化縣鹿港鎮龍山街 81 號　04-7773353

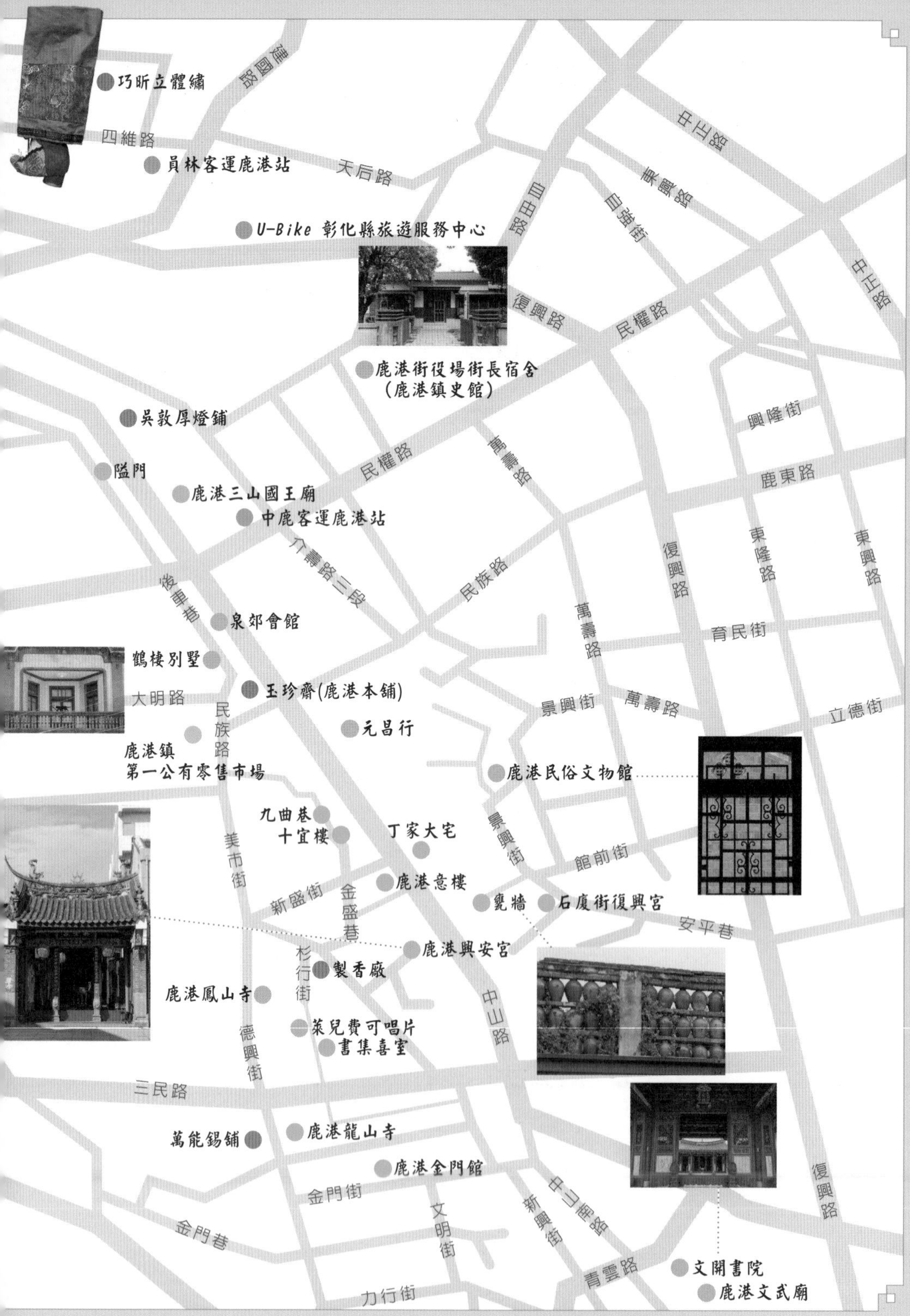
巧昕立體繡
建國路
四維路
員林客運鹿港站
天后路
U-Bike 彰化縣旅遊服務中心
自由路
自強街
東興路
中正路
復興路
民權路
鹿港街役場街長宿舍
(鹿港鎮史館)
吳敦厚燈鋪
隘門
鹿港三山國王廟
中鹿客運鹿港站
興隆街
鹿東路
萬壽路
介壽路三段
民族路
東隆路
東興路
後車巷
泉郊會館
育民街
鶴棲別墅
大明路
玉珍齋(鹿港本舖)
民族路
元昌行
景興街
萬壽路
立德街
鹿港鎮
第一公有零售市場
鹿港民俗文物館
九曲巷
十宜樓
丁家大宅
美市街
景興街
館前街
鹿港意樓
新盛街
金盛巷
甕牆
石廈街復興宮
安平巷
鹿港興安宮
杉行街
製香廠
鹿港鳳山寺
中山路
德興街
萊兒費可唱片
書集喜室
三民路
萬能錫舖
鹿港龍山寺
鹿港金門館
金門街
金門巷
文明街
新興街
中山南路
復興路
青雲路
文開書院
力行街
鹿港文武廟

map

彰化　鹿港老街

老街範圍

「九曲巷」範圍為泉州街、埔頭街、瑤林街、大有街、金盛巷、杉行街、石厦街，「不見天街」主要指今日的中山路。

如何到達

1. 於彰化火車站前的彰化客運搭乘公車或台灣好行鹿港線至鹿港鎮公所站。

2. 於高鐵台中站搭乘台灣好行鹿港線。

悠遊方式

1. 步行。
2. 鎮公所站或景點可租借 U-Bike。

雲林

西螺延平老街

時光凝駐螺溪畔

Route 12

延平路上的金玉成鐘樓外型獨特，曾榮獲街屋比賽第一名，是老街最重要的地標，也是早期西螺鎮民對照時間的依據。

1. 民國42年西螺大橋通車，銜接濁水溪兩端的雲林與彰化，成為台灣南北縱貫公路的交通要道。
2. 西螺大橋通車造就當地農產品加工業如醬油、食品罐頭等產業的發達。

台灣第一大河濁水溪有則奇妙傳說：據說溪水源頭各住著一隻金鴨與金泥鰍，金鴨想吃金泥鰍，每天上演著你追我躲的戲碼，因此溪水總是被攪弄得混濁不清。老一輩人家還指證歷歷，倘若看到溪水變清，代表台灣政局將改朝換代，從清末至今的每次政權轉換皆屢試不爽——以現代眼光來看，或許，這是由於百年來民心惶惶，遂轉向這條母親之河尋求解釋吧！

濁水溪蜿蜒盤繞似螺，古稱螺溪，為沿岸的西螺澆灌出一片沃土，也吸引平埔族巴布薩人棲居，荷治時期已成聚落，稱此地為「Sorean」，今天的漢光里即是當時社址，還留下「番社街」的路名以資緬懷。

台灣許多老市街皆因位在河流入海的區域而較早開發，西螺亦復如是。清康熙至乾隆年間，原籍福建漳州的張廖姓族人陸續進入開墾，新移民不斷湧入，加上西螺可藉濁水溪通往彰化，渡船口附近便形成交流南北貨物的市集，造就延平老街的發展。

不過，今日延平老街的樣貌主要型塑於日治時期一九三〇～一九四五年間，街屋建築多採當時流行的裝飾藝術（Art Deco）風格，摻合時代經驗以及在地工藝，立面裝飾簡潔卻變化多端，充滿現代主義風采，被譽為台灣三〇年代街道建築的代表作。

從金玉成鐘樓隔壁的螺情懷舊滷味入內，用餐者可透過屋頂採光罩觀賞第三進洋樓的華麗立面，其上有原本的慶裕隆商行「KEIYUURIUSHIYAUKOU」日語羅馬拼音，這種拼音裝飾在延平街屋上常可見到。

從大同路口走進延平老街，一入眼簾即是大型醬油觀光工廠，昭告這個小鎮宿負盛名的產業特色。西螺坐享螺溪灌溉地利，不但在日治時期生產出天皇御用的「獻納米」，多年來更是農業首都雲林縣的主要蔬果產區。

以農耕起家的素樸本質，加上民國六〇年代後交通地位被取代，使得西螺避開都市化的庸俗命運，得以保留許多古蹟建築與歷史文化。走進延平路，像誤闖入昭和時期的場景，一個遺世獨立光陰凝駐的小鎮，仍封存著最絢麗的年華。

由東向西行進，往昔西螺最熱鬧的市中心「東市場」，歷經多年的失修沒落，二〇一〇年地方文史工作者籲請重建整修，重現西螺新町風采。沿路的延平老街文化館、西螺背包客棧、玉山文化走廊，也在一波波文創脈流的推波助瀾下，注入了新時代活力。

西螺開發至今已三百多年，延平老街上屹立一百多間漢和洋式老街屋，還有清嘉慶年間以降培育在地俊彥的振文書院、紀念墾民先人的張廖家廟崇遠堂、昭和時期地方富紳林廣合家族興建的西螺大戲院、曾經僅次於舊金山金門大橋位居世界第二的西螺大橋等，這些景點猶如歷史的楔子，提示人們追尋小鎮自古迄今的物換星移。

1.、2. 西螺位居北回歸線附近，溫度適中、日照充足，孕育出多間醬油品牌，各有其擁護者。

3.、4. 東市場位於延平老街東段，日治時期因街市繁華繁華有「西螺新町」之譽，今有許多藝文工作者入駐。

5.、6. 台灣永豐米糧行前身是廣合商行，竣工於 1932 年，經營布疋與雜貨買賣。內部尚留存木構棟架和樓層痕跡，供人重溫舊時樣貌。

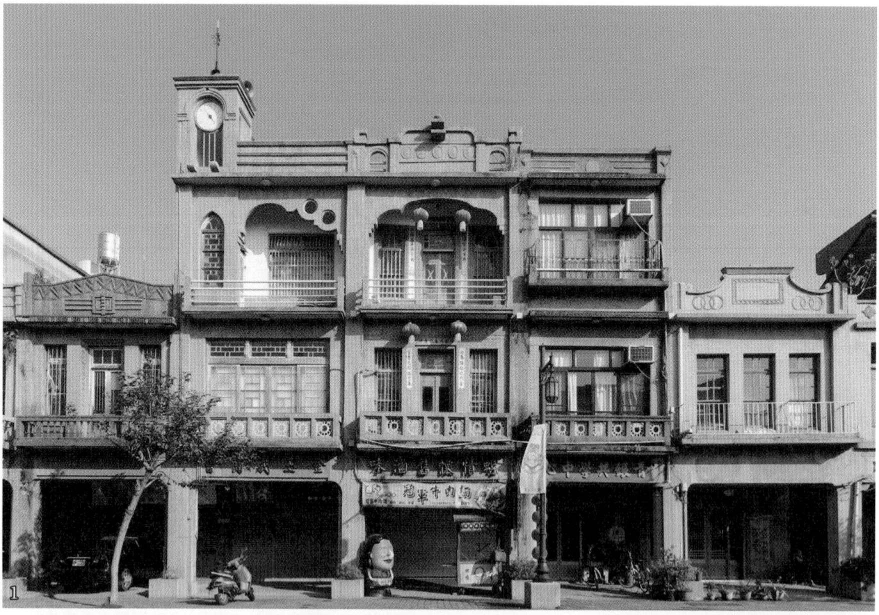

1. 三樓上方嵌有時鐘的建物是金玉成鐘樓，在跨越 2000 年的千禧活動中，金玉成鐘聲再度響起，喚醒老街重生的意識。
2. ～ 10. 延平老街屋有別於台灣其他老街多為仿巴洛克式，而以裝飾藝術（Art Deco）的現代風格為主，立面呈現各種幾何圖形、線條、圖騰、姓氏、店號等變化，均採用水泥開模完成。

螺陽齒科為單開間三層洋樓，三樓立面裝飾是不對稱的兩個大小弧形，搭配三角形木窗，有人說像臼齒的造型，你看出來了嗎？

捷發乾記茶莊：
設計融合漢和洋風味，從格局構成和細部雕飾可看出昔時屋主的闊綽氣派。

1. 正面洗石子貝殼狀山頭、女兒牆、雨庇、西式長窗與陽台欄杆構成精緻典雅的外觀。
2. 第一進店面的茶罐展示櫃。

來到延平老街，若想一窺街屋內部堂奧，「捷發乾記茶莊」當不能錯過。捷發乾記茶莊為二坎三進二天井一後院的格局，日治昭和年間由屋主許金設計建造。許金何許人也？他在一九二〇年代自福建泉州來台，是經常往來武夷山和南投、台北之間的茶商，也兼營文具、印刷與漢書買賣，因此捷發乾記茶莊比起一般茶行多了些許人文氣息。

捷發在早年是名滿雲嘉南地區的茶行，但隨著西螺市鎮發展重心轉移逐漸蕭條。二〇〇三年起螺陽文教基金會入駐成立「西螺延平老街文化館」，藉由展示長條形街屋將店面、加工與起居融合一體的空間型態，讓人重返當年延平街上寸土寸金的繁華記憶。

1. 捷發乾記茶莊總共三進格局，在日治昭和年間陸續完成。
2. 從天井可望見第三進二樓懸掛「瑤林衍派」牌匾、四面迴廊與美人靠（註）欄杆。
3. 第三進一樓柱頭的洗石子六角形龜甲紋飾。
4. 第三進許氏山牆上的展翅老鷹原本銜叼錢幣，象徵招財。
5. 內部保留木構造舊牆面，展示老建築的材料與工法。
6. 第三進的紅磚外牆呈現截然不同的風味。

註　美人靠：一種下設條凳，上連欄杆的靠椅，向外探出的欄杆彎曲似鵝頸。

map

雲林　西螺延平老街

老街範圍

以東起大同路西至中興路的延平路路段為主，擴及修文路、中山路、仁和街等範圍。

如何到達

國光、統聯、台中、員林、台西等客運皆可抵西螺客運站；於台鐵斗六站或高鐵雲林站轉搭台西客運或計程車亦可。

悠遊方式

步行，或於西螺延平老街文化館租借單車。

往 西螺大橋
中市路
修文路
黃記九層粿
蕭家油蔥粿
中市路
福興宮
延平路
玉山老宅文化走廊
福興路
建興路
中山路

雲林

Route 13

笨港古街

乾隆年間小台灣

北港朝天宮，據知為清康熙年間僧人樹璧自福建湄洲朝天閣奉媽祖像來台，39年（1700）建祠奉祀，建築裝飾華麗雕琢。日治時期被日人稱譽為台灣媽祖廟的「總本山」。

北港的民生路圓環，豎有顏思齊開台紀念碑以資紀念當地的大陸移民開拓史。

一般人對北港大多停留在宗教勝地的印象，不說不知，北港在十七世紀時首開漢族群墾拓的篇章，及至十八世紀更被當成台灣的代名詞。今日北港是古代「笨港」的一部分，譯稱「Poonkan」曾出現在荷蘭據台時期的古地圖上。

笨港是台灣西部最鄰近中國的港口之一，明末時，來自大陸的商船、漁民出入甚繁。明天啟元年（一六二一），漳州人顏思齊率領鄭芝龍等人登陸笨港，紮營屯田吸附閩南沿岸居民，這是中國移民首次大規模在台開墾。

清乾隆年間，笨港身兼台灣中南部貨物倉儲與吞吐港，且可通往鹿耳門，街市商舖達八百餘間，清廷遂將笨港劃分南北二街便於理治。《續修台灣府志》記載：「笨港街，港分南北，中間隔一溪，曰南街，曰北街，舟車輻輳，百貨駢闐，俗稱小台灣。」

嘉慶年間笨港溪再度氾濫，河道南移，使得原屬南街的部分併入北街，北街規模愈盛，即成今日的北港。可惜，從清代至日治時期時陸續受到漳泉械鬥、林爽文之亂、笨港溪氾濫、回祿之災等橫禍，導致港務功能為主的市況風采難再，惟有以朝天宮為信仰中心的媽祖香火，從清末至今始終興旺。

一提到北港，你的腦海裡是否就會自動播放進香陣頭簇擁喧騰、滿街人潮前推後擠的畫面？其實，除了每年農曆三月媽祖生和過年拜拜的大熱鬧，節日之外的北港安靜不少，走在老街上更能感受那份悠緩靜謐的懷舊情調。

朝天宮位於北港市街中心，周圍有多條古街，有趣的是從這些街道的古地名可一一還原其身世，例如中山路曾稱為「宮口街」因位居朝天宮廟口、共和街古名「蕃簽市」來自大量番薯交易而得名、安和街因商家林立入夜仍熱鬧以「暗街」得名、民生路由鐵舖聚集的「打鐵街」而來、安和路古稱「蚋仔街」據悉跟盛產蛤蜊有關……

站在朝天宮前，只見中山路上的西洋式樓房向兩旁筆直排開，外觀立面日治昭和時期現代主義樣式，融入大量中國吉祥圖案，朝天宮後方則有兩棟洋樓建於大正年間，屋頂、入口雨遮皆屬西洋樣式，和朝天宮並立頗有中西合璧的趣味。

其餘古街除了和洋混合式，也可窺見中國傳統閩南式建築，紛呈自清領以來不同時期的交錯樣貌。各種線條、形狀組成的幾何圖形，鋪排在露台、女兒牆、山牆、窗櫺上，典雅秀麗裡透露出濃濃的古樸韻味，漫步其中像是不小心掉進了時光的迴廊。

1

2

3

4

5

6

1.、2. 朝天宮後殿兩側的老洋樓建於大正年間，為辦公室和義診醫院，和朝天宮並立頗有中西合璧的趣味。

3. 中山路上的世一賓館曾是北港最大的旅社，常有燕子棲息而被稱為燕子樓，外牆有燕形雕塑也有真的燕巢，虛實趣味令人莞爾。

4. 金長源商店的土黃色水泥外牆低調卻不失氣派，鏤空露台設計十足雅致。

5.、6. 民國 43 年興建的振興戲院，女兒牆線腳轉折優美，山牆浮雕風格華麗，現改設喜餅店和文物展場。

中山路周邊：

1.～3.蜿蜒曲折的安和街、新興街、共和街上各式老厝。北港屬閩南聚落，許多屋宅上的「衍派」透露屋主的姓氏祖籍、家族脈絡。

4.北港溪堤岸旁的水道頭文化園區，日治昭和5年（1930）興建自來水廠，十角水塔分三層，有蓄水塔、辦公廳舍等功能，現今為遊客中心。

5.、6.光明路上的笨港傳薪學院光明屋，舊唱片與古物藏品豐富，是在北港歇歇腳喝咖啡的好所在。

清朝商行謙源號的遺構甕牆，以紅磚及壓船酒甕砌築而成。

一百多年前，森興燈店即以神明雕刻與燈籠繪製在中山路老街上起家。

燈籠繪製

北港朝天宮香火鼎盛三百餘年，使得燈籠、藝閣等民俗工藝蓬勃發展，其中位於中山路的森興燈店，就是超過百年的老店，老闆林聰賢是第五代燈籠師傅。來到店前，只見燈籠懸滿一室，龍飛鳳舞、光彩奪目，點綴得小小的店面熱鬧萬分。

燈籠製作工序繁瑣，剖竹片、打底、做骨架、上紗布、塗洋菜到彩繪、寫字等，全由林師傅夫婦、二子二媳共四人完成。現今市場充斥大陸工業製燈籠，全雲林僅剩森興燈店仍遵循純手作古法。

林師傅感慨：「北港的傳統文化很多，但有些漸漸失傳。我堅持手工，就是為了留住傳統風味，把民間藝術保存下來。」二子林胤騰在父親期許下回來接班，他表示，從小看著父親工作的身影長大，對燈籠手藝的感情之深非外人所能想像，也期盼這份事業不要在自己手上中斷。

林師傅父子二人專注地描繪手中的燈籠，百年來的燈藝風華，就在平實的日復一日裡，傳承不息、照亮人間。

森興燈籠

雲林縣北港鎮中山路 91 號　05-7830852

1. 剛出爐還熱呼呼的新港飴，放置店外自然吹涼。
2. 林弘毅講解在地信仰文化「報馬仔」的意涵。

新港飴

北港老街上，除了花生、蠶豆，最常見的零嘴莫過於形狀不規則的「新港飴」。新港飴流傳已百年，早先有人以「北港飴」稱之，只因日本人買來用以進香，日語「進香」與「新港」發音相同，日久遂普遍稱為新港飴了。

北港共和街裡尚留存全雲林僅此一間的手工店家「日發新港飴」，民國四〇年代由糕餅師傅白元卿創立，後來女婿林弘毅來幫忙，沒想到這一幫忙卻變成接棒。林弘毅說：「早期雲林有十幾家，現在剩我們一家，因為做這個身體勞動量很大，一鍋麥芽糖要熬煮四個多小時，搓好切好要六小時，一天就過去了。」

老闆熱情地解說自家商標「報馬仔」：「報馬仔是北港進香文化的重要一環，頭戴紅纓帽表示負責本分，留燕尾鬚是言而有信，攜帶知足的豬腳、惜福的錫壺、感恩的菸管、勞力的鑼心，赤腳是腳踏實地。」每個象徵都隱含了自我期許和勸世意涵，仔細看，老闆的面容和報馬仔竟有幾分相似呢！

日發製飴
雲林縣北港鎮共和街 18 號　05-7833057、05-7835347

北港工藝坊正面外牆紅磚、水泥花磚與木窗的拼貼表現活潑姿態，
入內可欣賞各種傳統與創新的在地藝文創作。

工藝策展

北港工藝坊原址曾是清領時期北港油商顏東義的商行「謙源號」，到了民國四〇年代改建北港稅務分局宿舍，雙層公寓式的建築設計簡約大方、重機能性。三年前經縣政府整理後，由回到家鄉擔任朝天宮解說義工的蔡享潤進駐，策畫工藝主題展覽。

在傳統方面，全年展出在地匠師的作品，展現北港結合宗教文化的藝術結晶；在創新方面，引進新一代創作人開課，與民眾交流。此外，蔡館長還每年擘畫盛大的「五湖四海宴」，以辦桌集會的概念，邀請傑出藝師呈獻自豪的「手路菜」作品，引來各界注目與讚嘆。

於斯土出生成長、在外事業有成的蔡館長，回鄉服務遊客時，總是滔滔不絕地分享關於北港的美好，光是老街裡的私房小吃，他就可以像唸口訣般地唸出一長串。下次來這裡遊玩別忘了找他聊聊，在這位北港子弟的解說下，你將發現許多不可思議的笨港民間傳奇，曾經在這些古樸的閭巷之間上演。

北港工藝坊

雲林縣北港鎮共和街 2 號　05-7834595

1. 油廠第四代陳柏錡將芝麻粉包入油餅胚壓實。
2. 堆疊好的油餅胚，預備放入油車榨油。

榨油

農產品集散地的北港，花生油產製曾經叱吒全台，一九三三年，裕昌油廠的創辦人呂丙住在舊北港橋旁設立榮興坊，產量高達全台之冠。之後油車間由長婿陳朝東承襲，每日的花生油產量來到近千斤。

及至一九七〇年代，工業製沙拉油的打擊迫使花生油榮景漸失，陳家遂將主力轉往製作方法類似的麻油；一九八〇年代後，手工麻油再次受到低價油品的量產競爭，經歷被經銷商倒帳數次後，陳家轉型為小量生產、零售販賣。

從曾外祖父一路走來，雖然市場變化多端，第四代陳柏錡每天仍興致高昂地在油碌碌的廠房裡打轉。裕昌油廠的榨油工序至今遵循古法，陳柏錡和師傅合力翻炒芝麻，經過冷卻、磨粉、蒸胚後，再將芝麻粉紮實包入油餅胚、油餅胚放入油車壓緊，進行榨油、沉澱。

麻油的濃、醇、香，沒什麼花稍技巧，靠的就是這一手代代相傳、踏踏實實的真功夫。

裕昌油廠
雲林縣北港鎮中山南路 12 號　05-7822067、05-7833410

仁和路
中興街
中正路
中正路
中山路
廟邊假魚肚
朝天宮報馬廳
北港朝天宮
厚生路
中山路
中華路
阿賢油飯担
中秋路
森興燈籠
安和街
老受鴨肉飯
光明路
民生路
賣台柑仔店
新興街
益安路
中山路
信義路
東興街
興南街
水源街
振興戲院
振興戲院
民生路
黃世志電視木偶劇團/笨港布袋戲傳習中心
北港水道頭文化園區
民生路
裕昌麻油廠
中山南路
北港觀光大橋
北港溪

map

雲林　笨港古街

老街範圍

笨港古街以朝天宮前的中山路為首，其餘有安和街、共和街、新興街、褒新街、賜福街、仁和路、中秋路等，皆在朝天宮周圍。

如何到達

在雲林高鐵站搭乘台西客運至北港站，再步行約十分鐘到北港老街；或於斗六火車站搭乘台灣好行北港虎尾線至朝天宮站。

悠遊方式

步行，客運站附近或北港水道頭文化園區亦可租借單車。

南

嘉義

海拔第一高老街

奮起湖老街下腳店仔

Route 14

奮起湖火車站標高 1403 公尺，車站下方的老街是台灣海拔第一高老街。

1. 阿里山森鐵主線從嘉義北門站至阿里山沼平站，沿途經熱、暖、溫三個林帶，景觀特殊。
2. 車站北側的木造車庫，內部展示蒸汽火車、巡道車及相關器具。

「奮起湖」這個地名，總讓人想起一座雲霧環擁的湖畔山城，事實上，這裡根本沒有湖景可賞，只因東、西、北三面環山，形如畚箕狀凹地（台語稱湖底），所以舊稱「畚箕湖」，後來改以帶有奮發圖強意涵的諧音字取代。

大家都知道奮起湖老街就是車站下方的街道，但是你去過老街南方另一條年代更古的老老街「下腳店仔」嗎？遠自清末時期，大批伐木工和商人被山裡盛產的樟木吸引而來，附近聚落居民揹負農產翻山越嶺來交易，在下腳店仔形成供應日常物資的雜貨市集，同時也是上下山人們的歇腳處。

至於奮起湖老街的興起原因，則與阿里山森林鐵路密不可分。日治初期，日本政府發現阿里山蘊藏的珍貴檜木林，便開始興建鐵路運輸木材。一九一二年鐵路通車後，奮起湖成為沿線重要的中繼站，貼近車站的街道遂取代較偏遠的下腳店仔而成為新興集散中心。

火車輸送木材下山，也載運遊客上山，百年來刺激老街飲食與旅店業相繼蓬勃。為了適應山坡地形與多雨氣候，兩旁房舍依山勢而建，店家屋頂毗鄰以避雨，保有早期「不見天街」的味道。鐵軌下方的石階，百年來歷經踩踏磨出斑駁沉樸的質地，與小火車紅黃相間的明亮感相映成趣，構成奮起湖特有的人文風情。

鐵道下方的奮起湖老街，是台灣少數仍有「不見天街」味道的老街。

說到大名鼎鼎的奮起湖便當，探究它走紅的背後竟有諸多因素。原來，阿里山風景區開拓之後，大量遊客搭乘火車上山，接近中午時刻，晃蕩了半天的肚子也開始咕嚕，帶上車的食物卻已變冷發酸，這時火車正好在奮起湖調換車頭，於是旅客趁機下車巡覓熱食，但瞬間湧入的人潮卻讓店家忙到連碗都來不及洗，可快速供應嗷嗷眾口的便當於是風行起來。

一顆紮實飽滿的便當，無疑是那個淳樸年代裡的純真享受；反觀現在，就算便當裡雞腿再肥美、菜色再豐富，已少有人用心咀嚼其中滋味，反倒是變化多端的輕巧小吃更討喜，五百公尺的老街裡便有富含在地特色的草仔粿、山葵豆腐、野生愛玉、火車餅等任君揀擇。

走出老街風景更是精彩，車站北側有從日本移植過來的四方竹林、據說由一位偷吃了糕仔的農夫贖罪建造的「糕仔崁古道」、早期拖運木材的「木馬棧道」，還有生產木炭的悶柴窯遺跡、二戰後被在地人拆到只剩基座的日本神社。

從車站往南邊走去，經過蓊鬱蔽天的百年肖楠林、提供醫療服務數十年的奮起湖天主堂、日治警官宿舍改造的茶飲空間「醉迷湖」，再彎進低層台地聚落，即是老老街「下腳店仔」的所在。

1

2

3

4

5

6

7

1. 奮起湖老街裡店家正在剝取產於高山的野生愛玉子。
2. 數十年歷史的奮起湖豆腐店，山葵豆腐、豆渣餅，也是奮起湖特色小吃。
3. 兩間老餅舖：天美珍以奮起湖火車餅聞名；德銘餅店則仍以傳統大餅為主。
4. 日治時期興建神社供奉天照大神，彼時廣場前有相撲表演。
5. 車站附近有許多森林步道，極適合趁火車班次之間的空檔遊走。
6. 聚落四週民房外牆蔓生佛手瓜（龍鬚菜的果實），餐飲業者發展成佛手瓜水餃等餐點。
7. 奮起湖天主堂協助照護在地居民數十年，亦有提供遊客住宿。

阿里山地區的特產「轎篙筍」，因成竹可作為轎子材料而得名，產於海拔一千公尺以上的阿里山地區，筍味鮮嫩肥美。

位居山谷開闊處的下腳店仔，在清朝末年至日治時期鐵路通車前，漸成周圍聚落漢人與鄒族的山產市集、上下山人群歇腳的「休睏寮仔」，也是名副其實的奮起湖第一街。依循路標走來，站在入口高坡上，短絀的街道盡收眼底，幾間木造老屋彼此緊挨，加上路尾一家竹筍加工廠，就是老老街所有的內涵。

街口的大姑媽雜貨店掛滿了手寫字體店招，乍看似乎風味古拙，其實那是十幾年電視台來取景時裝設的道具。老屋於大正三年興建完成，在日本時代是油、鹽、米、糖等物資的屯糧所，挺過二戰時期的轟炸遺留至今，現在由一對退休夫妻在內部經營「阿里山咖啡」。對面的「金茂興」比大姑媽雜貨店還早一年誕生，在當時肩負著屯糧所備用倉庫的任務。

斜對面有家展示各式手工藝品的「甜豆小舖」，老闆娘正端坐門口顧店編織提袋，舖位旁則是自家開設的「全立竹筍加工所」，只要是阿里山名產「轎篙筍」加工忙碌之餘，老闆夫婦倆就會從事手工藝創作，既是副業也可滿足創作興趣。

下腳店仔來到百餘年後的現代，叫賣喧嚷的情景早就蕩然，僅有些許遊客透過口耳相傳散步至此，全台灣最短最清靜的老街，無疑是這裡了。

1. 醉迷湖餐飲前身曾是日治時期警官宿舍、奮起湖文史陳列室。
2. 金茂興雜貨店是下腳店仔最早的雜貨店，房屋建成於日治大正 2 年，當時顧客以阿里山鄒族和在地居民為主。
3. 大姑媽雜貨店屋身建成於日治大正 3 年，日治時代是屯糧所。
4. 甜豆小舖的老闆夫婦在筍業工作之餘販賣自製的手工藝品。
5. 全立竹筍加工所專事轎篙筍加工包裝，人手不夠時老闆必須召集家族成員回來幫忙。

1. 吳漢恩站長（右）和火車司機員交接通券，這是火車迷期待已久的一刻。
2. 奮起湖是阿里山森鐵中途的大站，假日裡總是有大量人潮隨著鐵道或公路而來。

1

2

火車站長

紅黃相間的小火車從嘉義市區朝阿里山一路爬升，行經竹崎、樟腦寮、獨立山……，終於匡噹匡噹駛進奮起湖站，此時，車上的司機員傾出車外，和月台上的吳漢恩站長交接通券（註），守候多時的火車迷們連忙喀擦喀擦搶拍這個珍貴畫面。

吳漢恩不只是奮起湖的站長，他在阿里山森鐵沿線的竹崎、北門、阿里山等車站都服務過，對於這條鐵路懷有特別深厚的感情：「從文化資產的角度來看，單一各站有各自的年代故事，講都講不完，但還是需要從全線來思考這條鐵路，規劃才會完整。」

阿里山森鐵是林業文化的遺留物，同時也記錄了近代台灣被殖民的歷史，再加上擁有多樣特色——獨立山螺旋上升、繞「之」字形火車碰壁、行經熱、暖、溫三帶林相等，堪稱世界鐵路奇觀，因此，吳站長與相關人士多年來致力於推動森鐵登錄世界文化遺產。

祝福這條百年經典阿里山森鐵，繼續往下一個傳奇奔馳。

註　通券：由藤、塑膠、金屬組成。交換通券是阿里山森鐵的一大特色，用以檢測每段鐵路區間的安全。

奮起湖火車站
嘉義縣竹崎鄉中和村奮起湖 168 號之 1　05-2561007

阿里山咖啡有處農園就在老街旁的空地，老闆娘在樹叢裡採收鮮紅的咖啡豆。

咖啡栽培

走到下腳店仔，瞧著一位面容黝黑、滿頭灰髮的健朗大叔爬上梯子，在屋頂攤開成片紅咚咚的果實。好奇探詢，原來他是阿里山咖啡的老闆劉啟輝，正在曝曬自家種的咖啡豆。老闆本是在地人，和太太長年在外工作，十幾年前才搬回來，在自個兒老家裡開起了咖啡店。

回溯清末時期，老闆的阿太即過來這裡落地生根，他母親的娘家，更是開闢下腳店仔的第一個家族。日治時期，這間木造老屋曾是屯糧所，店面左邊間仍保存屯鹽用的防潮石牆，時光印痕斑斑。

老闆從山下的工作退休後，開始與咖啡為伍的第二春，由於自種自銷，產量不算高，剛好此處遊人少至，尚不必擔心供應問題，夫妻倆在山間過著半隱居半退休的生活，真是勝過無數為銀髮生活神傷的山下人。

何不來此品味一杯海拔一千四百公尺的咖啡，請主人家分享下腳店仔的過往記憶，體驗一條完全不同於以往經驗的老街。

阿里山咖啡

嘉義縣竹崎鄉奮起湖 20 號　05-2561253

map

嘉義　奮起湖老街
下腳店仔

老街範圍

奮起湖車站下方的街道即奮起湖老街，沿聚落步道南方走可接至下腳店仔老街。

如何到達

在嘉義火車站前搭乘台灣好行，或乘坐阿里山森鐵至奮起湖火車站。

悠遊方式

步行。

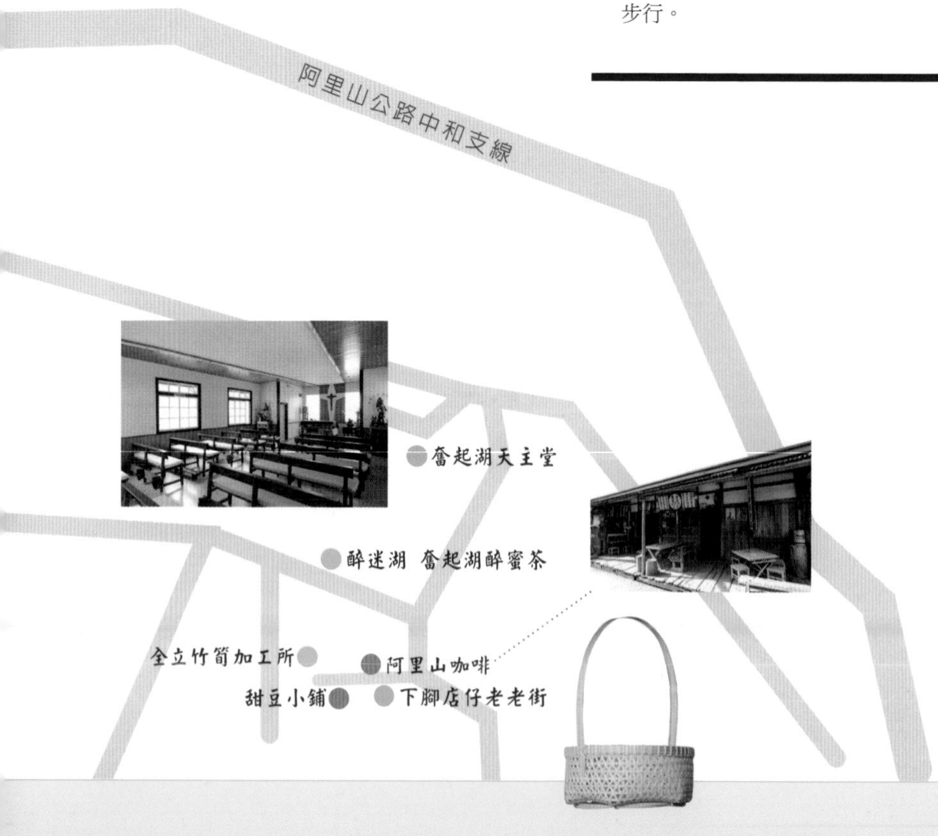

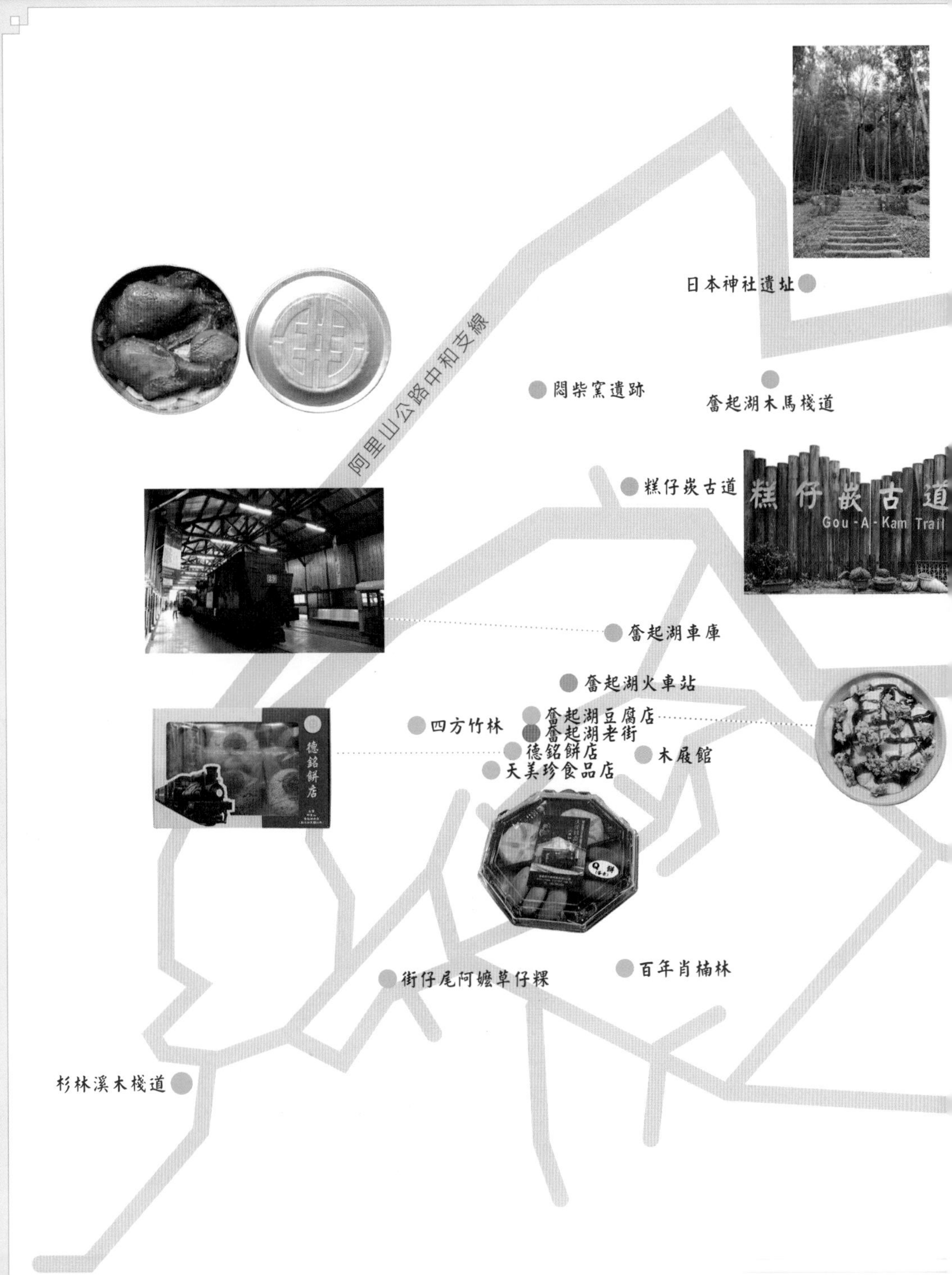

日本神社遺址
悶柴窯遺跡
奮起湖木馬棧道
阿里山公路中和支線
糕仔崁古道
糕仔嵌古道
Gou-A-Kam Trail
奮起湖車庫
奮起湖火車站
四方竹林
奮起湖豆腐店
奮起湖老街
德銘餅店
木屐館
天美珍食品店
百年肖楠林
街仔尾阿嬤草仔粿
杉林溪木棧道

台南

新美街

古城舊肆老行當

Route

15

祀典武廟。

新美街一帶古廟多，供應香燭金紙的攤舖應運而生。

新美街在十七世紀時曾是海岸線的位置，荷人、明鄭、清廷初入台灣的開發痕跡，多集中於台江內海東岸一帶，也就是今日新美街以東的舊城區，曲巷中古蹟老肆密布，一切所見皆有來歷。

新美街本由三條各富特色的老街所組成，從北而南依序為米街、抽籤巷、帆寮街。府城文學家葉石濤在小說中描述：「米街是台南府城最古老的老街之一，……兩邊的老舖賣的東西五花八門，當然也有一、兩家米店，但是好像賣香燭冥紙之類的店舖特別多。」如今，米店早已淡出米街，只留下「石精臼」小吃攤交代從碾磨米穀而來的身世；幾家賣金紙、香燭的店面則依舊日日開張。

清朝時期，街道中段的開基武廟據說籤詩極其靈驗，為信眾解惑的相師術士聚集前埕，久而被喚之以「抽籤巷」。葉老也曾描寫武廟燒金紙的金爐邊，父親未能卜算到女兒跟人私奔的諷刺情節。至於南段的「帆寮街」，清朝年間這裡屬於五條港支流，船隻停泊曝曬、整修船帆而得名，從地名可以窺見過去舟艇往返的漁業痕跡。

三百年來陸浮海沉，赤崁樓下雪浪排空的盛景已難追尋。行船水道成熙攘街巷，傳統老舖間雜立著藝廊、咖啡店和手工冰淇淋，合力譜寫當代庶民新風貌。

1. 17 世紀台江尚未陸化之前，海浪可直達赤崁樓下。
2. 赤崁樓旁的蓬壺書院，於光緒年間遷建現址，參與府城文教發展史。

走逛新美街一帶的三大主題：古蹟、老店、小吃。

這個小小的區塊內就有三大國定古蹟並立，民族路上的赤崁樓同時存有荷蘭、明鄭、清廷的興造遺構；赤崁樓對面的祀典武廟是全台唯一官建武廟，朱紅山牆連綿不盡予人莊重肅穆之感；與武廟相鄰的大天后宮原係明寧靖王府邸，為明代建築作品代表；這三處都被列入國定一級古蹟。

另外，新美街北端的自強街原為出北城門的大銃街，街上開基天后宮玲瓏端立，興建年代早於全府城媽祖廟；新美街的開基武廟原為寧靖王府鐘樓，格局雖小但係全台最早關帝廟，地位崇高；走過民權路，本島極為古老的水井「大井頭」，據傳為荷人所鑿，隨之開闢的「普羅民遮街」則是台灣第一條歐式街道，寬闊有加。

1. 祀典武廟俗稱「大關帝廟」，與全台首學孔廟文學武才互為輝映。
2.、3. 大天后宮原為明寧靖王府邸，擁有清代匾額數量居全台之冠，顯見地尊位隆。
4. 開基天后宮相對於大天后宮而俗稱「小媽祖廟」，奉祀當年跟著鄭氏艦隊來台的媽祖像。
5. 開基武廟早年位居商業水道「關帝港」港口要津，膜拜信徒眾多。

1. 開基天后宮對面的舊來發餅舖，手工製作廟會祭祀用的壽桃、壽麵及婚俗必備的糕粿禮餅。
2. 二戰後的米街，碾米廠榮景不再，紙坊取而代之，每家店面自行印製裁切福符、年畫、春聯等曾是街上一大盛景。

舊城區裡的傳統行業仍運作如昔，有在地人從小到大熟悉的老店風情：家裡嫁娶拜拜，必定要到舊來發訂製禮餅；逢年過節總不忘去新協益挑選春聯炮竹；昭玄堂的各色手工燈籠總能為祭典節慶增添氣氛；平時餓了饞了就彎到石精臼來碗米糕或牛肉湯，再踅進金德春飲杯熱茶解膩；隆興亞鉛的鏗鏗鏘鏘是老街每日特有的節奏聲；街尾的泉興如常上演著老師傅裁切榻榻米的精湛手藝；鄰近還有雙全昌鞋行、光彩繡莊、義豐冬瓜茶等老舖數十年如一日的經營……。

米店消失的米街，這些傳統行業彌足珍貴，祈禱它們繼續興盛暢旺，陪伴老街邁向下一個世紀。

1. 昭玄堂燈籠香舖，手工繪製燈籠生動而樸拙有味。
2. 金德春茶莊創立於清同治 7 年（1868），是府城三大百年茶行之一。
3. 榮記糕粉早期是經營米倉的「牛磨間」，後來專營磨粉，歷史已有百年。
4. 新美街旁、西門圓環的雙全昌鞋行，夾腳拖鞋繽紛多彩引發潮流。
5. 民權永福路口，全美戲院老師傅手繪看板的功夫常引路人駐足。

亞鉛是日文漢字，即「鋅」，在鐵皮外層鍍鋅可防鏽，早期常見運用於水桶、畚箕、茶葉罐等生活用具。

亞鉛製作

走進小巷，富有節奏性的「空隆！空隆！」聲響起，遠遠就可見到一棟民房裡有位師傅微拱著背，正抓緊銀白色金屬片依序送進機器裡，一一打釘固定。兩間斜對門的民宅家庭式工廠，就包攬了整個台南亞鉛製品最大產量的隆興亞鉛，產品以水桶、仙草桶、茶葉罐、澆花器為主。

隆興店齡正好跟老闆蔡東憲師傅的歲數一樣大，這家店由他父親所創立。「店裡營運五十七年來起起伏伏，大約民國六十幾年時生意開始不好，被大量製造的塑膠品代替，現在因為有文創業者訂製，許多人想回味以前的水桶，所以又紅起來。」

拜訪蔡師傅時，他正與太太、兒子、女兒分工合作趕製仙草桶，夏季是仙草熱賣旺季，因此每年這時候常接到訂單。在南部的大熱天裡得焊接桶身，還要燒炭加溫膠合桶片，一家人每天做得大粒汗小粒汗。不過，能這樣跟最愛的家人在一起忙碌，也是一種踏實無比的幸福吧！

隆興亞鉛店
台南市中西區新美街 148 號　06-2227621

新美街上，泉興店門口就可見到老師傅手工製作榻榻米的真功夫。

榻榻米製作

日治時期，台人在日式生活的濡染之下接受榻榻米，戰後日人撤離，榻榻米市場歷經了多次沉寂。台南在最風光時期的有四十六間工廠，到今日只剩兩家仍有營業，泉興是其中之一。

目前泉興由從小在大陸念書回來的第三代李宗勳承接，當初宗勳因學歷不被承認導致求職碰壁，轉而跟阿公李金水學作榻榻米。製作榻榻米，技術、耐心和體力缺一不可，首先將柔軟的稻草裁切整齊就不容易，必須經過長期訓練，裁完後將藺草蓆面置於草底上、周圍包覆緞帶布邊，一針一線穿過厚草墊反覆縫合。在這些過程中需要長期蹲姿和手腕出力，因此少有年輕人願意投入。

四年前，宗勳為了幫榻榻米找出一條活路，與成大學生合作開發文創產品後打開知名度，不僅生意好轉，更令人振奮的是成功行銷了新美街，人潮開始在這一條空蕩蕩、阿公形容的「死街」湧現。這證明，好東西總是能經得起時間考驗，找到懂得欣賞的人。

泉興疊蓆具

台南市中西區新美街 46 號　06-2225227

map

台南　新美街

老街範圍

以新美街為主，擴及新美街北邊的自強街、與新美街交叉的民族路二段、永福路二段巷弄、民權路二段等街廓。

如何到達

乘台鐵至台南火車站，或搭國光客運至兵工廠，鄰近皆有 T-Bike 站可租車，騎約 10 分鐘抵達。

悠遊方式

騎乘單車或步行。

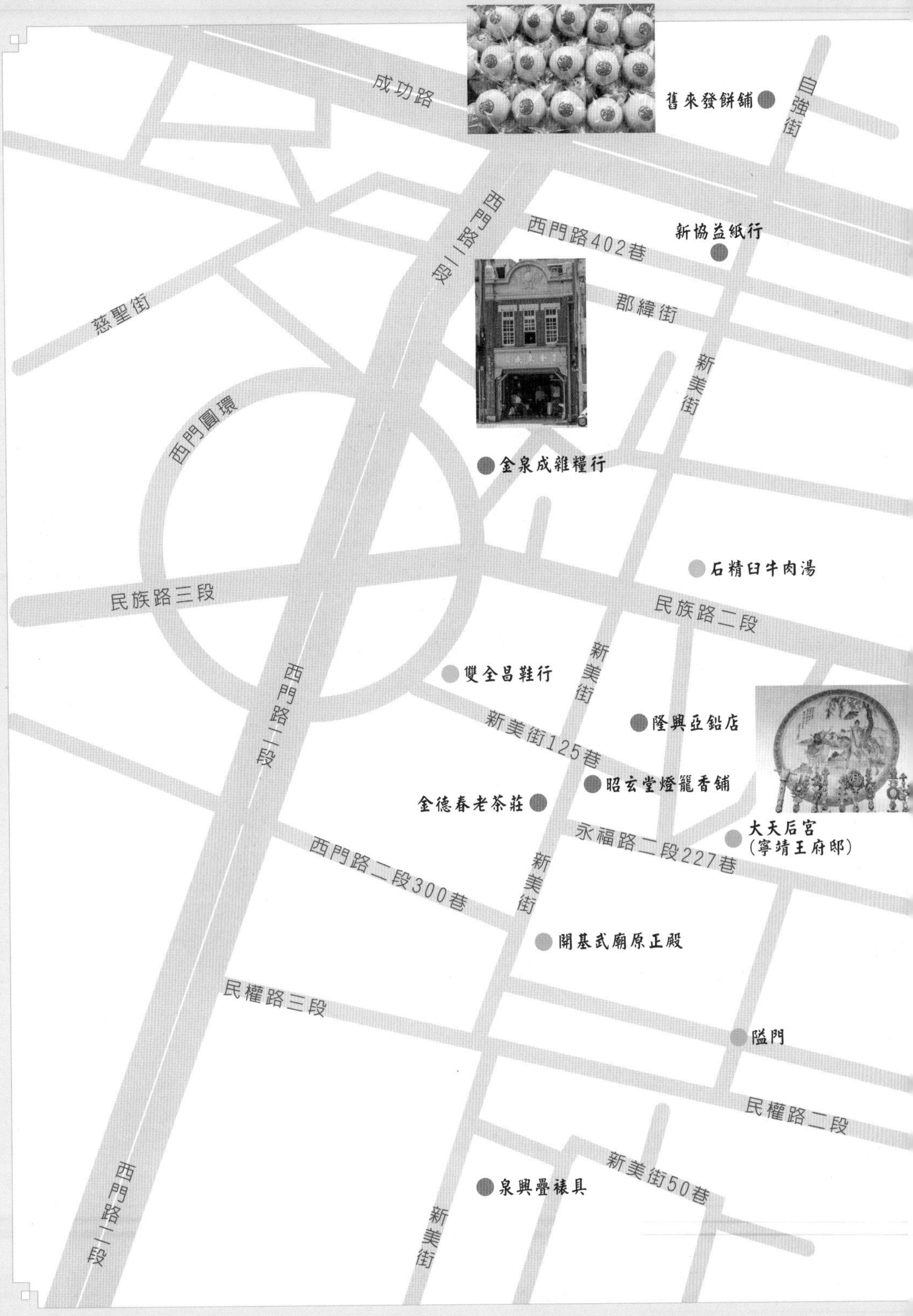
成功路
舊來發餅舖
自強街
西門路一段
西門路402巷
新協益紙行
郡緯街
慈聖街
新美街
西門圓環
金泉成雜糧行
石精臼牛肉湯
民族路三段
民族路二段
雙全昌鞋行
西門路二段
新美街125巷
隆興亞鉛店
昭玄堂燈籠香舖
金德春老茶莊
永福路二段227巷
大天后宮
(寧靖王府邸)
西門路二段300巷
開基武廟原正殿
民權路三段
隘門
民權路二段
新美街50巷
泉興疊褀具

台南

神農街

滄海桑田五條港

Route 16

神農街本為北勢街，是清朝時期五條港之一南勢港的北側街道。

水仙宮，清康熙年間由在地商人集資興建，主祀大禹等水神。（許勝發／攝）

走進古雅情調四溢的神農街，沿途毗連的兩層樓老屋散發沉靜氣息，一樓臨街店面格局、二樓吊送貨物的小門設計，都在悄悄吐露它們早年的身世。

清乾隆年間，台江內海海岸線向西推移，與大陸通商往來的最大商業組織「三郊」（註），便在水路錯雜的沙洲間開鑿五條水道，直通府城內衢，包括新港墘港、佛頭港、南勢港、南河港、安海港，通稱「五條港」，猶如從海口伸進府城掌控內外貿易的一隻巨掌。三郊總部便設於居中的南勢港盡頭水仙宮內，清代〈赤崁竹枝詞〉道盡此時情景：「東溟西嶼海潮通，萬斛泉源一葉風，日暮數聲欸乃起，水船都泊水仙宮。」五條港位居水陸要津的氣勢，完全可以得見。

隨著內海陸化愈益嚴重，五條港漸形淤淺，航利難再。光緒元年〈台灣雜興〉詩句：「水仙宮外盡成途，蒼海揚塵信不誣。」說明此時河港已成街道，帆檣林立的情景被車水馬龍取代，滄海變桑田，不過百餘年。

今日水仙宮旁的神農街，就是往昔最熱鬧的南勢港北岸的街坊，從現存的蜿蜒巷弄、清末雙層木造街屋，不難懷想昔時五條港的熾盛風光。

註　三郊：清乾隆後葉台灣最大的商業組織，由北郊、南郊、糖郊三大組織組成，與大陸通商貿易物資。

1. 水仙宮市場外圍有多家在地人也很捧場的小吃老店。
2. 原本因開挖地下街而發展停滯二十多年的海安路，在藝術造街後神奇復甦帶來人潮。

佇立水仙宮前，五條港的繁華當以這裡為源頭。追憶昔時，三郊在此設立總部，廟身宏偉壯麗、雕樑畫棟極盡藻飾之能事，坐鎮南勢港內俯臨碼頭，富商巨賈、善男信女出入頻繁，隻手便左右台海貿易局勢，是何等叱吒風雲！

怎奈，清道光年間五條港陸化，饒是掌管三江四海的水仙，到了陸地上也法力大減。先是商港機能西移至外海港安平，日治時期又因市場規劃被拆除到只剩前殿，如今只得偈促菜市一隅。

市場裡的人們倒是不計較歷史得失，從晨起買菜的婦女到午間覓食的民眾，充斥整個水仙宮市場內外，他們都知道這裡有實在好料，金得春捲、富盛號碗粿、阿松割包都是夙負盛名的排隊小吃。

穿越人潮往海岸線的方向挪移，對面的海安路藝術造街是該駐足一下，拍景、自拍兩相宜。步入神農街，街首老屋裡永川師傅俯身雕鑿的身影，已移至街尾。清末日治時期郊商許藏春故君開放參觀，與碼頭苦力居民集資建造的金華府，容許後人以不同角度觀看府城三郊變遷史。

1. 神農街的清代木造店屋，閣樓有小門吊運貨物。

2.、3. 神農街上清朝、日治、民國時期的老屋紛然雜立，各自詮釋時代表情。

4. 許藏春故居益泰行會館內部經營「北勢街文化館」，於 2017 年開放參觀。

5. 金華府供奉原北勢街居民從家鄉請來的守護神關帝爺，廟基不大，保有清朝街道寺廟風味。

街上有數家結合在地文化開發產品的文創店家，也有老屋再利用的咖啡、茶店、民宿。

五條港行號、拾寶手作、太古101……，各方文創好漢齊聚一堂，各顯神功打通神農街任督二脈，使其融今會古、創意充滿，修練成吸引觀光客大法。

開基藥王廟坐鎮街底，主祀神農抑或其他神醫時有爭論，但可想而知對早年在沙洲上討生活的勞動人民來說，都是罹患病痛時最大的精神慰藉。廟前榕松公據稱歲數已有三百，掐指一算正與古廟年紀相當，真的是對看百年不相厭。

神農街短短四百公尺，且逛且走很快巡訪完畢。踅至南側，康樂街與民權路口一座風神廟褊窄如蝸，稍不注意就錯身而過。水神到了陸上失勢；風神離了河海也難興風作浪，日治時期拆除大半以利闢路，曾經位居府城七寺八廟的威風已然消散。

就連美譽為台灣第一石坊的牌樓，竟也在前年倒塌，誰還能想像得到，昔日這裡可是送往迎來朝廷官員的重要渡口。接官亭無官可接，風神廟風光不再，王侯將相散戲後也只能歸於市井平常。

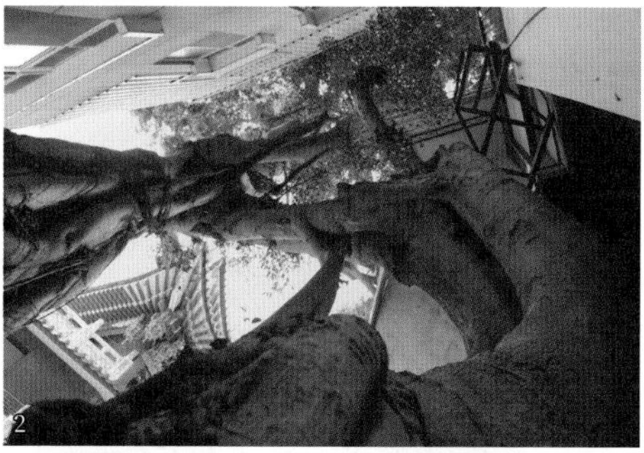

1. 開基藥王廟坐鎮街底，遠遠望去巍峨擎天，但因馬路拓寬只剩前殿，廟身高而進深淺。
2. 百年古榕與一旁的神榕 147 店家相依相存，蔚為奇觀。
3. 神農街南側的風神廟，清乾隆時期舉凡出入台海的王公貴族皆要來此參拜祈求行船平安。
4. 原始的接官亭整體建築包括石坊、官廳、風神廟、大士殿，今只遺留風神廟部分，石坊因地震倒塌尚待修復。

杜明月每天一打開店門就要整理、照料數百種青草藥材。

煎青草茶

水仙宮市場東北側的一樓三角窗，有家畫著蟾蜍店招的青草店，現在已經傳續到第四代了。老闆杜明月女士是第三代，和兄弟姊妹從阿公、父親手上承接這份事業，齊心認真經營，在市場內總共開了三家店名相同的青草店。她從還是個黃毛丫頭的七歲稚齡就開始學習這滿山滿谷的藥材，據她說，整家店總共有六、七百種青草藥之多。

招牌上的蟾蜍著實引人好奇，杜明月笑著說明，古早時期店裡有賣治療疔瘡用的蟾蜍乾，而以前的人大多不識字，所以才畫蟾蜍圖讓客人容易辨認，現在則成了獨一無二的店家標誌。

六十多年來看著青草藥從居家必備良方到只剩下年長族群會使用，她直陳：「其實這些青草從種植、採摘到煎煮，都是很天然原始的過程，沒有什麼化學添加物。」

日頭赤焱焱，一杯青草茶落喉滋味甘苦還飄散薄荷微涼，頓時暑熱盡消。前人傳下來的養生智慧，可惜現代人不識寶。

原水仙宮青草店

台南市中西區國華街三段 183 號　06-2258349、06-2280537

永川師傅將繪有八仙之一何仙姑的影印圖貼在木板上，預備進行雕刻。

神轎製作

神農街街首原有處掛牌「永川大轎」的木造老屋，屋內總可看見木工師傅俯身鑿刻的身影。這兩年，永川大轎已搬遷至街尾一棟鐵皮廠房，仍日日發出敲敲打打的聲響。

一百三十坪大的寬綽空間裡，十來位師傅各自分工，埋頭鋸裁、砂磨、雕鏤、榫裝、漆繪……，原本一塊塊不起眼的柴頭，在眾人通力合作下，最終化為一頂嵌飾繁複至極，渾身散放華美貴氣的轎輦。

帶領這一批超級團隊的，就是人稱「府城大轎祖師爺」的王永川，說來神奇，永川師傅原本也不是做這一行，他略帶遺憾吐露：「我讀國民學校時成績很好，但高年級時候美軍來轟炸，每天都在躲空襲無法念書，光復後又沒什麼好頭路，只能跟著父親做神明廳的頂下桌。」

後來，永川師傅潛心研究製轎竟無師自通，便專營這類廟宇木器的製作，數十年來開枝散葉，弟子遍天下。目前年近米壽的永川師傅，依然每天把上工當作運動，筋骨十分勇健。

府城永川工藝社

台南市中西區神農街 130 號　06-2224996、06-2251930

map

台南　神農街

老街範圍

神農街僅四百公尺，遊走之餘可擴及附近的風神廟、水仙宮市場、永樂市場等處。

如何到達

乘台鐵至台南火車站；或搭國光客運至兵工廠，鄰近皆有 T-Bike 站，騎約 12 分鐘抵達。或於台南火車站南站，搭乘 88 號公車於水仙宮站下車。

悠遊方式

步行即可。

康樂街
民族路三段
金華路四段
康樂街
開基藥王廟
神榕147
府城永川工藝社
神農街
太古101咖啡
五條港行號
金華府
許藏春故居
民權路三段
海安宮
風神廟
接官亭
金華路四段
和平街118巷
和平街
和平街
忠明街
康樂街
民生路

台南

安平舊聚落

鯤鯓躍變台灣城

Route 17

文龍殿廟埕的泥塑彩繪劍獅。

從安平舊聚落北方堤岸眺望台江水域。

鯤鯓，莊子《逍遙遊》裡自由幻化鵬鳥、大魚的神話生物，自北溟游徙至南海台江，浮出為沙汕，西拉雅人喚它「Tayouan」，意指濱海之地，漢族群跟著叫它發音相近的「大員」，成了今日「台灣」名字的起源。

四百年來，這塊濱外沙島猶如一座搭建於海中的舞台，各方霸主輪流領銜出演。十七世紀荷人進據興築西式堡壘、開闢棋盤式街道，它變身海陸之城「熱蘭遮」，是為台灣史上第一街、國際航線的東方中繼站。

鄭成功由鹿耳門登陸奇襲、驅走荷人後，改以原鄉「安平」稱呼這處港市，水師部將駐紮更大舉移植唐山流風餘俗。清季開口通商，它躍登台灣最大港，「一府、二鹿、三艋舺」的俗諺傳誦不歇。

一波波海潮，為安平帶來舉世稱羨的繁華，直到十九世紀清道光年間曾文溪潰決的大災難，河沙積港不利通航，安平遭時代洪流湮沒，也藉此得以封存各個朝代的歷史場景。

行走古聚落中，傳奇巨鯤穿越時空而來的鱗光閃閃發亮，舉目所及是荷據城堡遺構、清廷廟宇砲台、國際洋行領事館，石板街上歐、亞人種熙來攘往，市集裡響起各種語言的喧騰歡笑……，這齣時代大戲永遠沒有落幕的一刻。

1620年代，荷屬東印度公司入據台江外海的一鯤鯓建熱蘭遮城，即今安平古堡，但現今只保有部分殘構，紅頂白牆的瞭望塔為日治時期建造。

台灣史上第一條商業街道，是荷人興建城堡之後在東側所開闢的熱蘭遮街，作為對中、日貿易的據點，昔稱「石板街」，今名延平街，可惜已經因拆除拓寬而喪失古貌，徒留一方淡水古井見證歷史。雖然台灣第一街失去古味，同為荷據時期開發的效忠街、中興街，也都是銜接城堡和港區碼頭的東西向軸心街道，仍保有舊日風采。

效忠街是清領時代的「石門樓」，有句話說「前有石門樓，後有五間店」就是在形容這個富商聚集的街道，清康熙年間朱一貴之亂，因居民幫助朝廷平定而御賜里名「效忠」。

中興街原有紅磚路面，古名「磚仔街」，如今改鋪石板，仍有驅逐邪煞的照壁、劍獅等風水元素，刻畫居民生活的歷史記憶。

往古堡東北角的安北路走，遇見榕樹腳陳氏宗祠，顯示這地區陳姓宗族如老榕般開枝散葉的歷史。海頭社魏宅為清水師協副將魏大猷後代祖厝，單身手格局係安平傳統建築的典型。

在這幾條主街道之中，縱橫許多南北向巷弄，交錯迴繞宛如迷宮。低矮老厝在狹小巷弄中毗連，廟宇廣埕有三兩居民納涼閒聊，少了遊人的紛擾，多了生活的況味，動人美景何必遠求？斯情斯景便是最好的時光。

1. 延平街 86 號，古色古香的洋樓建於 1920 年，為永豐餘企業創辦人何傳家族的祖厝。
2. 延平街 84 號，百年老店永泰興蜜餞總是門庭若市。
3. 效忠街 33 號，廣濟宮前方照牆，以剪黏、磁磚、泥塑堆疊出色彩斑斕的效果。
4. 廣濟宮旁的楊氏祖厝是日治時期建蓋的洋房，淺黃色洗石子外觀典雅大方。

1. 效忠街 52 巷 7 號海山館，清代福建水師駐防處，是台南僅存的班兵會館。
2. 海山館正廳前的劍獅刀劍屏，刀劍屏為頂端插著兵器之屏風。
3. 中興街 44 號門楣的法力劍獅，磁燒材質，額書「 雨漸耳 」，用意驅除鬼魅。
4. 安平路 850 巷 4 弄 8 號門楣的怒目金剛劍獅。

1. 海山館旁的化善堂側屋，化善堂建於清乾隆年間，係台灣齋教首廟。
2. 安北路 121 巷 16 弄 6 號，海頭社魏宅，係處於有限土地與經濟條件下發展出的特殊住宅形式。
3. 魏宅旁的文龍殿王船造景，船首龍頭船尾鳳尾，造型立體生動。
4. 文龍殿旁的陳氏宗祠。陳氏祖先自明末渡海來台，族人感念厝旁榕樹的蔭庇，自稱榕樹腳陳。
5. 陳氏宗祠外牆圓弧形雙魚照壁，暗藏道教「兩儀」諧音義。

1. 德記洋行，為清朝安平開港後英商設立的據點，現作為早期開發歷史的展示館。
2. 安平樹屋，曾是德記洋行、大日本鹽業株式會社的倉庫。
3. 古堡街、安北路口的第三信用合作社安平分社，原為德國領事公館。
4. 東興洋行設立於光緒年間，見證台灣十九世紀中後期洋行貿易的興盛，現亦活化利用。
5. 安平天后宮，所供奉媽祖據說為隨鄭成功艦隊而來。

1.、2. 安平天后宮西南側，清朝時安平富商盧經堂的宅邸，左前方有河道通安平港，貨物可運抵宅府前。門樓內書「座對薰風」，意指方位坐北朝南。
3. 安平天后宮西側的王雞屎宅，日治昭和時期安平最華麗的豪邸，由運鹽富商王雞屎興建。
4. 古堡街南端底，妙壽宮奉祀的古王船「金萬安號」，相傳為明鄭時期隨海流漂來安平。
5. 聚落內，婦女圍坐騎樓下邊聊天邊剖取生蚵。
6. 安平蚵灰窯文化館，先民燒蚵灰混入糖水、糯米漿以糊磚築牆。蚵灰窯外方內圓，紅磚疊砌，窯底有數十條通風溝道。

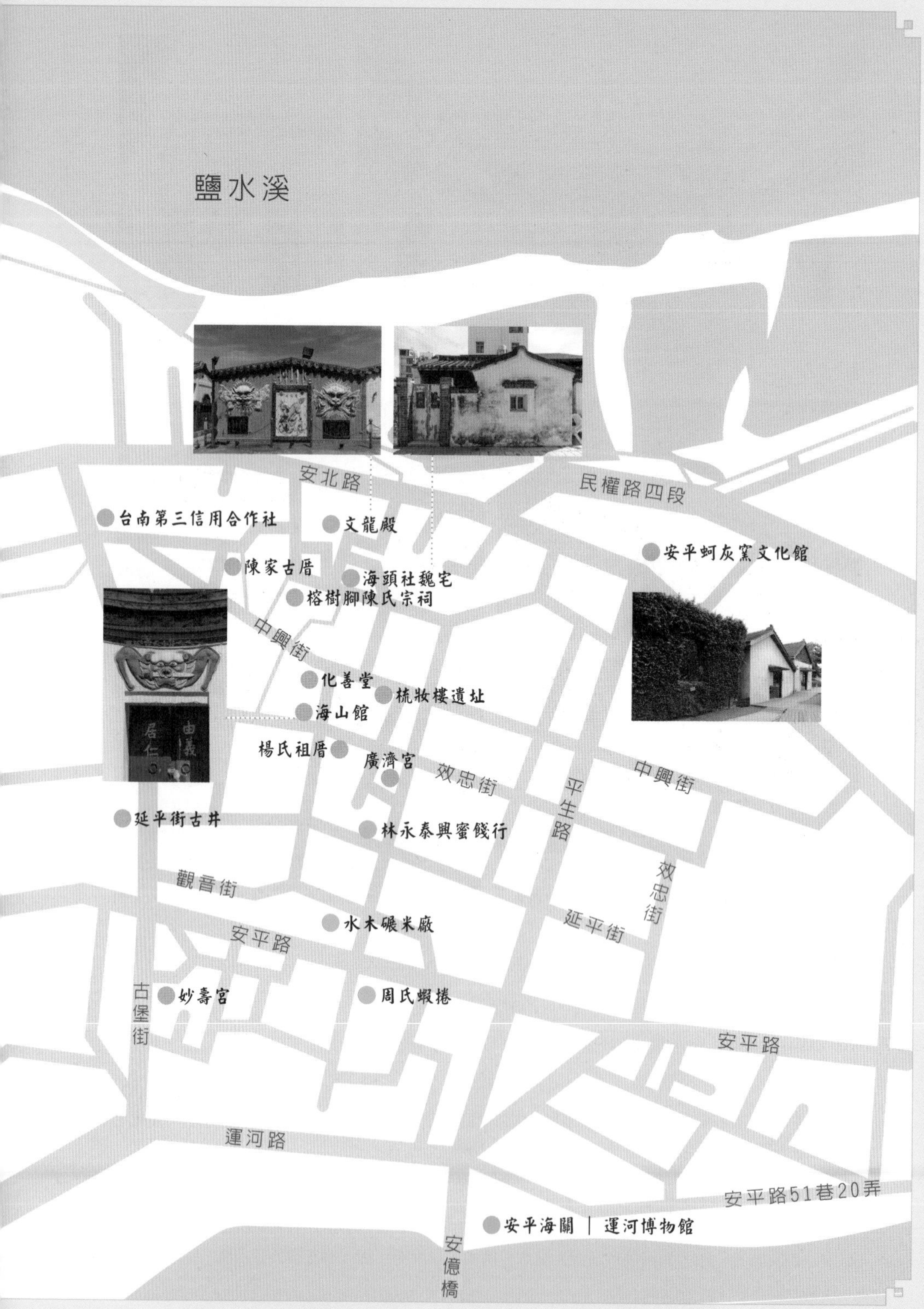

鹽水溪
安北路
民權路四段
台南第三信用合作社
文龍殿
安平蚵灰窯文化館
陳家古厝
海頭社魏宅
榕樹腳陳氏宗祠
中興街
化善堂
梳妝樓遺址
海山館
楊氏祖厝
廣濟宮
效忠街
平生路
中興街
延平街古井
林永泰興蜜餞行
觀音街
效忠街
水木碾米廠
延平街
安平路
古堡街
妙壽宮
周氏蝦捲
安平路
運河路
安平路51巷20弄
安平海關｜運河博物館
安億橋

map

台南　安平舊聚落

老街範圍

延平街、效忠街、中興街、安北路等，內部巷弄及其周邊。

如何到達

於台南火車站搭 2 號公車至安平古堡站下車。

悠遊方式

騎乘 T-Bike 或步行。

台南

鹽水老街

倒風內海鹹水港

Route

18

橋南老街上一處古厝，記憶著年代與土地的光輝。

1. 鹽水武廟。傳說清光緒年間，鹽水發生水患導致瘟疫，居民祈求關公除疫並燃燒蜂炮送走瘟神，衍生元宵蜂炮習俗。
2. 中正路圓環一帶是今日鹽水的市鎮重心。

凝望著波平如鏡的月津港遺跡，三百年前倒風內海灌注，舟船如織商旅往來的榮景浮現眼前。

史載最初棲止的大武壟族，為這片鹹水港灣取名「Takuva」（潟湖之意，漢字大龜肉）。明朝時陸續有漢人渡海來墾、鄭氏部將屯田設庄。清康熙年間施琅克台，易名「大圭壁庄」，此時與澎湖、福州、泉廈之間貿易日興，《諸羅縣志》記：「鹹水港，海汊，郡治往笨港大路，有橋，商船輳集，載五穀貨物。」

迨至乾隆年間，因溪水迴繞市街宛如一彎明月，遂萌生「月津」之雅稱，並有「月津八景」吟詠風光。韶光荏苒，八景中有幾處尚可探尋，像是「興隆水月」，橋南街北側的興隆木橋，毀損後改建水泥橋；「聚波漁火」，聚波亭成了大眾廟，港口漁火成了池塘波光；「月池蛙鼓」，月津港親水公園裡，居民仍常閒坐話家常。

倒風內海四大港（註）中，唯有鹽水組成郊商，可見其商機之鼎盛，但清末至日治，河道淤塞、民亂、水患、瘟疫等，接連打擊了市庄的發展，復因風水考量拒設火車站，此後樞紐地位被取代而漸趨沒落。不過，以今日眼光視之，如此反而保留了數百年來足以傲人的文化資產，得失之間，或許不是那麼絕對。

註　倒風內海四大港：十八世紀前位於台灣南部的潟湖，在今台南沿海一帶，四大港口為鹽水、鐵線橋、茅港尾、麻豆，但幾世紀以來持續淤積，幾乎已全陸化。

鹽水曾是嘉南地區物資集散中心，四方有城門包圍，如今牆垣大多不存，但城郭內呈格子狀分布的市街型態，錯綜綿密，迥異於以單線大街為基本街型的城市。

清朝時期，鹽水的主要商業區集中在港口碼頭周圍，如橋南街、媽祖宮街。橋南街被譽為「南瀛第一街」，成排清朝木構造店屋古色古香，橋口的泉利打鐵舖鏗鏘聲流響百餘年。

港口淤塞後，鹽水市街發展轉往伽藍廟一帶。日治時期市區改正，整合伽藍廟街、中街、媽祖宮街為中正路，亦是今日最熱鬧的商店地段。中正路的三叉圓環，聚集諸如豆簽焿、水煎包、百年粿攤等著名小吃，圓環前矗立的大型歐風國民住宅頗有看頭。

由此往東北接朝琴路，此路原為竹材集散、竹器買賣的中心；若往西北則接三福路，清期時是布商聚集的布街。

中正路西側有數條可資互通的小巷、大道：連成巷位於鹽水最知名的建物「八角樓」（葉連成商號）北側；一銀巷曾有許多金紙店舖，修德禪寺拜亭古井已恢復舊時樣貌；中山路上月津故事館訴說歷史記憶；西門路古稱看西街，有融合中國裝飾趣味的鹽水天主堂坐鎮；王爺廟巷裡彎街斜弄，夕陽輕掠房簷，廟埕、水井、合院……，遠離街市嘈雜正好靜心溫習古早情懷。

1. 月津古港轉型親水公園，水月橋造型古典也構成一景。
2.、3. 橋南老街是鹽水最早開發的街道，兩旁清朝閩南式街屋峙立。
4. 老街上的泉利打鐵舖，李一男老師傅打製刀具和農具六十餘年。
5. 中正路上的昭和式街屋前幾年獲得政府補助修復，立面整潔而仍保有古樸韻味。

1. 八角樓由鹽水著名糖郊葉連成商號建於道光 25 年（1845），以八角形為屋面極富特色，一樓磚造、二樓木造，日本伏見宮貞愛親王曾徵為指揮所。（許勝發／攝）
2. 修德禪寺拜亭，供祭祀進行及擺設祭品器物，平時當作休憩泡茶空間。
3. 月津故事館位在百年木造街屋內，展示許多鹽水文史資料。
4.、5. 鹽水天主堂融入中國風，採用廟宇、宮燈等裝飾語彙，聖母造型亦參考慈禧太后與媽祖。

1. 永成戲院所在的康樂路上曾有三家戲院、商店林立，熱鬧程度可媲美今日西門町。
2. ～5. 鹽水的歷史街道如魚鱗巷、王爺廟巷、武廟路等古風猶存，很適合小巷尋幽，來場歷史探險之旅。

1. 鹽水豆簽焿第二代老頭家每天親手烹煮。
2. 豆簽久煮不爛、口感嫩滑，據傳食法來自泉州安溪。

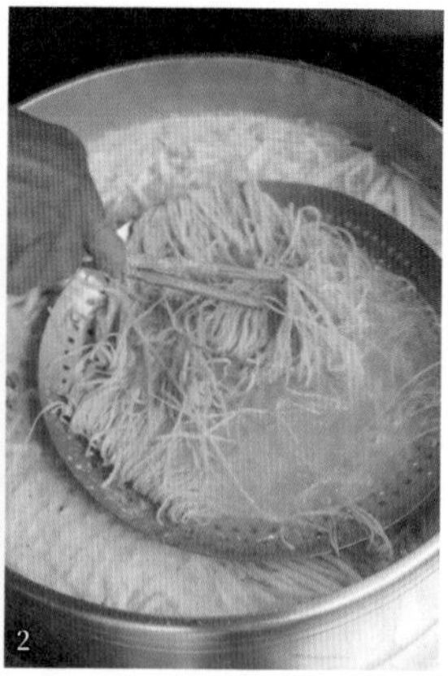

煮豆簽焿

豆簽原本是農業社會的粗食，早期人們自己種米豆、磨粉製豆簽，拌入絲瓜與油蔥煮成湯麵當早餐，廉宜營養又能飽足。後來豆簽經過改良使口感滑順，又拜澎湃海鮮料之賜變身豪華版美食，從北到南的基隆、鹽水、新營皆有豆簽小吃，口味用料各擅勝場。

說到鹽水的豆簽焿，僅此一家別無分號。觀看店家作業，備料和烹煮過程似乎不難，那為何沒有出現仿效者？或者，客人無法在家炮製嗎？第三代范志維說，一開始名氣打響時當然有競爭者，可能因為自家每天從布袋、七股採購海鮮，食材鮮而不腥，加上用料實在，老客人還是認定這一味。另外，所用高湯來自汆燙大量虱目魚而成，其清甜味遠非小份量熬煮所能比擬。

聊到南北部豆簽的差異，志維比較：「基隆的豆簽呈圓形，加上薄芡過的蚵仔、花枝、蝦仁煮成湯，鹽水豆簽則是扁長形，放進蚵仔、虱目魚、瓢瓜煮成焿」，接著自嘲「還會加一點點糖，畢竟是南部口味嘛！」

鹽水豆簽焿
台南市鹽水區朝琴路 19 號　06-6528437

1. 范家意麵以鴨蛋取代麵條中的主要水分。
2. 范建瑲將一捲捲麵盤好攤在竹篩上預備曬太陽。

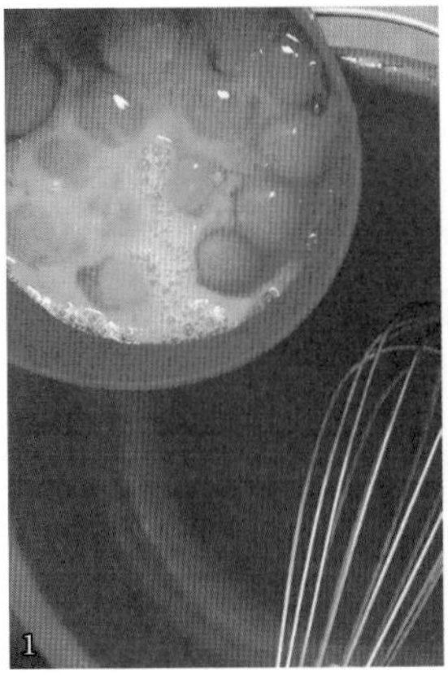
1

2

意麵製作

鹽水夜市後方的清泉路上，有間范家鹽水意麵從在地六十多年的老廠分支出來，由一對三、四十歲的年輕夫妻經營。選擇市區外圍空曠處建立新廠，只因為必須請到「陽光」這位要角來參與製作過程。不添加化學抗氧化劑，利用日曬把水分抽乾，這就是古早時代保存食物的智慧。由於每逢晴天便得大量製麵曬麵，理所當然地，老闆范建瑲全身上下曬到黑得發亮，笑開時更予人誠懇樸實的親切感。

意麵的成分很簡單，不外麵粉、水、鹽、鴨蛋，但范建瑲表示：「光掌控麵條的水分就是一大專業，夏季、冬季的溫濕度都不一樣，水分也要跟著微調，外人看以為做麵很簡單，其實很多學問在裡頭。」

意麵到底和一般麵條有何不同？鹽水的意麵又為什麼特別出名？范老闆回答：「意麵會加雞蛋，而我們長輩誤打誤撞加了鴨蛋，結果出來風味特別香醇。」老闆娘在一旁笑說：「我們的麵為什麼那麼好吃，就是因為有做日光浴，吸收了日月精華啦！」

范家意麵
台南市鹽水區清泉路 198 號　06-6527504、06-6527514

和平路
蔦松路
清泉路
范家鹽水意麵
北門路
朝琴路
文武街
清泉路
忠義路
伽藍廟
鹽水豆簽羹
鹽水百年粿攤
康樂路
康樂路
文武街
林家肉圓
鹽水八角樓
銀鋒冰果室
信義路
中山路3巷
中正路
點心城
文武街
永成戲院
王爺廟廣濟宮
中山路
祝開臺
永成戲院
中正路
行昌路
媽祖廟護庇宮
月津港遺址
月津港親水公園
興隆橋
月津路
泉利鐵店
橋南街
橋南老街
信義路

map

台南　鹽水老街

老街範圍

以橋南街、中正路、連成巷、一銀巷、王爺廟巷、武廟路、魚鱗巷為主。

如何到達

搭乘新營客運或大台南公車棕線於鹽水站下。

悠遊方式

步行或單車。

高雄

旗山中山路

旗尾山下甜蜜史

Route 19

旗山台糖小火車上的製造名版，標明了所屬公司、廠名、火車製造商等資訊。

旗山鎮農會是旗山中山路老街上的顯著地標，在地方蕉業發展史上扮演要角。

旗山的歷史是真真切切從土地裡「長」出來的，這處亞熱帶山區平原，夏季雨量充沛兼有楠梓仙溪沃灌，地利肥美猶如流著奶與蜜般，注定未來它將以質量豐碩的農產驚豔世界。

由古至今，旗山的命運便與各種農作物緊密連結。清朝墾拓初期，旗山還不叫旗山，傳說因庄內通往府城的要道旁，有位老嫗搭茅寮販售蕃薯吃食，日久成聚落遂名「蕃薯寮」。

日治時期的一九〇〇年代，蕃薯寮第一任廳長石橋亨推行市區改造完成棋盤式街道；一九一〇後，火車站建成通車、站前商店旅館相繼興築。一連串都市化的高峰來到一九二〇年，終於在居民力建下改掉了「蕃薯寮」這個土裡土氣、無法與現代市容相稱的舊名，並參考境內最高山「旗尾山」訂定新名。

此時，身為甘蔗生產地兼轉運站的旗山，因糖業興起而首次嘗到經濟起飛的甜頭，日人遂進行第二次市街改造，由地方仕紳陸續興造本通（今中山路）仿巴洛克的雙層牌樓厝。一九五〇年代以降，旗山大量種植香蕉外銷日、韓、港、東南亞，可觀商機讓「香蕉王國」的子民再次甜入心。

數十年後，雖然糖、蕉兩大產業都在成本攀升、國際競爭打擊下褪色，那段金光閃閃的甜蜜歲月卻教旗山人永難忘懷。

旗山火車站現規劃為糖鐵故事館，內部展示蒸汽小火車及相關文史資料。

探訪旗山，或許可以帶動此處繁榮的火車頭——旗山火車站為起點，這是日治時期運送甘蔗與白糖的旗尾線鐵路的總站。車站外觀仿西洋建築風格，用色裝飾活潑明快，有如歐洲童話裡的夢幻小木屋。一九七八年旗尾線停駛後，曾因位於中山路端點有礙交通而面臨拆除，所幸地方人士疾呼保留，今天已變身為旗山最具魅力的文化地標。

石橋亭在任時所興建的石拱圈亭仔腳已不多，車站前的復新街上、中山路老街南段尚有一小排。亭仔腳石塊開採自旗尾山麓的巨大砂岩，經切割、拼疊後，以石灰、黑糖、桐油黏結堆疊成石拱圈，原本土黃色調樸拙雅致，但部分已被覆蓋。

旗山火車站、站前及中山路南段：

1. 旗山火車站採用磚與木的混合構造，屋瓦呈菱形與鱗片狀排列，白藍相間的壁面有橫直木飾，八角錐尖塔候車室與三角山頭站房相對，整體帶有活潑明快的歐式風情。
2. 站前左方的洪家繡樓（振發旅社），為閩南式二層紅磚洋樓店屋。
3. 、4. 復新街上的石拱圈亭仔腳，旗山擁有台灣唯一此類型建築，極其珍貴。

相對於中山路南端亭仔腳的原始質樸，北段牌樓厝則為繁複雕琢的仿巴洛克風，此段完成於一九二〇～三〇的日治昭和年間，由旗山首富吳萬順家族率先興建，其他地方仕紳仿效跟進。山牆多有花草鳥獸裝飾，或漢字、日文、羅馬拼音形塑成的家族姓氏，盡顯華麗氣派，可惜被店家五顏六色的大型招牌遮掩，令人難以靜心觀覽。

中山路老街區裡隱藏的另一條老街——大溝頂，位於今永安路上，原本是一條加蓋的排水溝，一九五〇年代時政府鼓勵民眾經營商店，開設有布裝、鐘錶、皮箱、電器等，在旗山香蕉外銷火熱時是中山路上最繁華的精品街，那個年代特有的商家氛圍一直維持至今。

中山路北段：

1.～3. 中山路牌樓厝設計者為日本遊歐建築師。雙層洋樓每間寬1丈5尺，共19棟相連。

1.、2. 這兩年大溝頂老街面臨政府決策拆除，未來命運未卜。
3. 旗山天后宮裝飾華麗精緻，色彩繽紛熱鬧卻不失秀美。
4. 吳厝是在地望族吳家的發源地，後代子孫在此開設豆花店。

中山路上東側有間背對街道的廟宇，即是建於清嘉慶年間的旗山天后宮，廟中古碑、匾聯甚多，外牆還鑲有「奉憲嚴禁羅漢腳惡習碑記」，反映清朝年間遊民孳生事端的社會情況。

來到永福街口，矗立街頭的旗山鎮農會，曾因蕉業興盛榮登台灣農會存款榜首，臨街切四十五度立面入口與二、三樓仿希臘神廟柱列的設計，如今看來仍巍峨大氣。

續往北行，枝仔冰城創辦人鄭城土法煉「冰」的故事傳遍大街小巷，店內常門庭若市，我偏愛避開人潮，越過中山路盡頭去小小的常美冰店，坐在亭仔腳吹自然風、慢慢舔一碗古早味的香蕉冰。

其實，旗山的老屋不只中山路的仿巴洛克風洋樓有看頭，還有好多閩南式古厝隱藏在巷弄裡，比如吳厝、洪厝巷、蕭乾源故居、莊厝……，只是並未全部對外開放，需要透過當地人引薦。

旗山地名由旗尾山而來；旗尾山則因山形似三角戰旗而得名。登上鼓山公園眺望，旗山的壯麗風光一覽無遺。

與中山路平行靠西側的中正路一帶，亦有許多重要文化座標。日治時期興造的旗山武德殿，仿唐式宮殿建築在青空、椰林的襯托下，讓人瞬間以為來到了另一個國度——日人想像中的熱帶南國。

旗山國小原身是日本時代的蕃薯寮公學校，校內的石拱圈迴廊、仿羅馬風格大禮堂，造型古雅優美、反映殖民統治歷史，均已列古蹟保護。緊鄰的鼓山國小，則原為專收日本人子弟的蕃薯寮尋常高等小學校，已被規劃為旗山生活文化園區，刻正整修中。

中正路西側的鼓山公園，闢自日治初期，曾設有鳥居、神社表參道，戰後遭到國民政府破壞，改建號稱東南亞規模最大孔廟，但遊人多無興趣爬階入內參觀，反而喜愛駐足櫺星門前的廣場，盡情欣賞氣勢磅礴的旗尾山風光。

此外，市區較靠外圍的聖若瑟天主堂，仿歌德式的巍峨建築在狹小巷弄裡出現，構成奇異的異國風街景；旗山碾米廠修復後已開放，完整保留日治時期的管線、通風道、精米機與礱穀機等，可促進對當時碾米產業的了解；市區東側的楠梓仙溪護岸，於昭和年間由鎮上居民合力堆疊完成，展現生態工法的智慧與手工美感，當地重要作家林清玄也曾在此留下文學足跡。

中正路一帶及其他：

1. 修復後的旗山武德殿混合唐式與和式建築造型，予人肅穆典雅之感。
2. 、3. 旗山國小校舍的石拱圈迴廊有連綿秩序之美。大禮堂二樓獨特的雙圓拱開窗流露優雅氣息。
4. 孔廟立足鼓山頂，占地廣大，仿宋朝建築樣式而建。
5. 1959 年，戴剛德神父籌建聖若瑟天主堂，左右尖塔高聳對稱，中央山頭上方鑄耶穌像。
6. 旗米廠，本為日治昭和時期的旗山信用購買販賣利用組合工場，是依照碾米機具功能而設計的多層木造建築。

王繼維利用開店前的時間照顧蕉園，並組「台青蕉樂團」不時公開演唱。

社區活化

蕉農、冰店老闆、樂團鍵盤手，三種截然不同的身分，全都是王繼維為了推廣蕉業文化而擔任的分身，這個喜歡大家叫他「老王」的開朗大男孩，一聊起旗山的人文歷史便神采飛揚。

十年前，老王原本只是單純想開店販賣香蕉類甜食來帶動蕉業活絡，但等他開始研究香蕉與在地的連結後，發現其中內涵驚人地豐富，於是衍生了主題小旅行。「清朝台陽八景的旗山秋蒐、日治時期的糖鐵遺跡、香蕉園與古厝……，旗山可以深入的點非常多。」

老王和友人耕作七分大的蕉園，採自然農法、草生栽培，供應有機香蕉給店裡使用、香蕉花序做成花茶販售、將店內廚餘製成堆肥，使店務與蕉園的運作達成生態循環。另外，香蕉產業和社會經濟緊密相連，他與幾位在地青年組成搖滾樂團，藉由音樂富有創意地吶喊對時下議題的看法。

一家冰店不只賣冰，台青蕉用搖滾行銷香蕉，用香蕉說旗山的故事。

台青蕉香蕉創意工坊
高雄市旗山區中山路 17 號　07-6611451

夏季生意太好，必須整天待在機器旁持續打冰，體力消耗相當大。

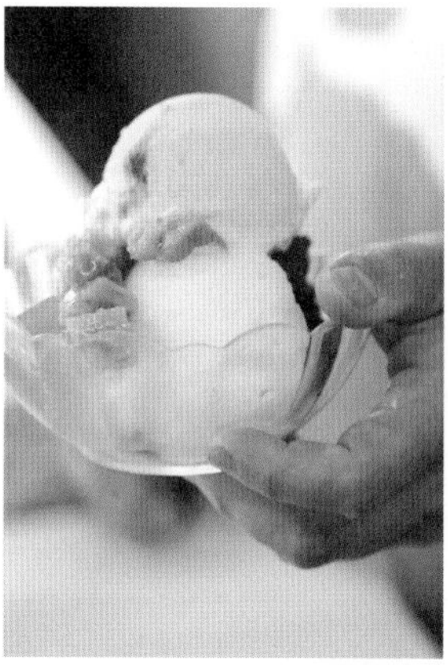

冰品製作

擁有七十幾年歷史的常美製冰，最出名的不只是香蕉冰，還有一位「魔法阿嬤」，店名和冰品口味都來自她。其實香蕉冰早在日本時代就蔚為風行，並非阿嬤的新發明，各個店家口味略有差異而已，一樣賣香蕉冰，為何地方上只有常美歷久不衰、屹立至今？

第三代郭人豪分析，可能因為客人源源不絕，得一直現打冰品，使得口感能維持新鮮綿密，而良好品質又讓客人不斷回流，形成良好循環。而且，阿嬤思想先進，很早就領先同業購置義式冰淇淋機開發品項，長年以來打下良好基礎。

一般傳統產業多半極思開拓市場，郭人豪想的卻是提升製程衛生和室內設計美感，希望提供客人舒適的用餐感受。甚且，在本業以外還積極參與地方事務，像是贊助台青蕉音樂節活動。他認為：「不是我賣冰有賺到錢就不管其他事了，善用老店名號去幫忙在地團體，讓我覺得這家小店和地方是有連結的，人生不是只有賣冰而已。」

常美製冰
高雄市旗山區文中街 99 號　07-6612524

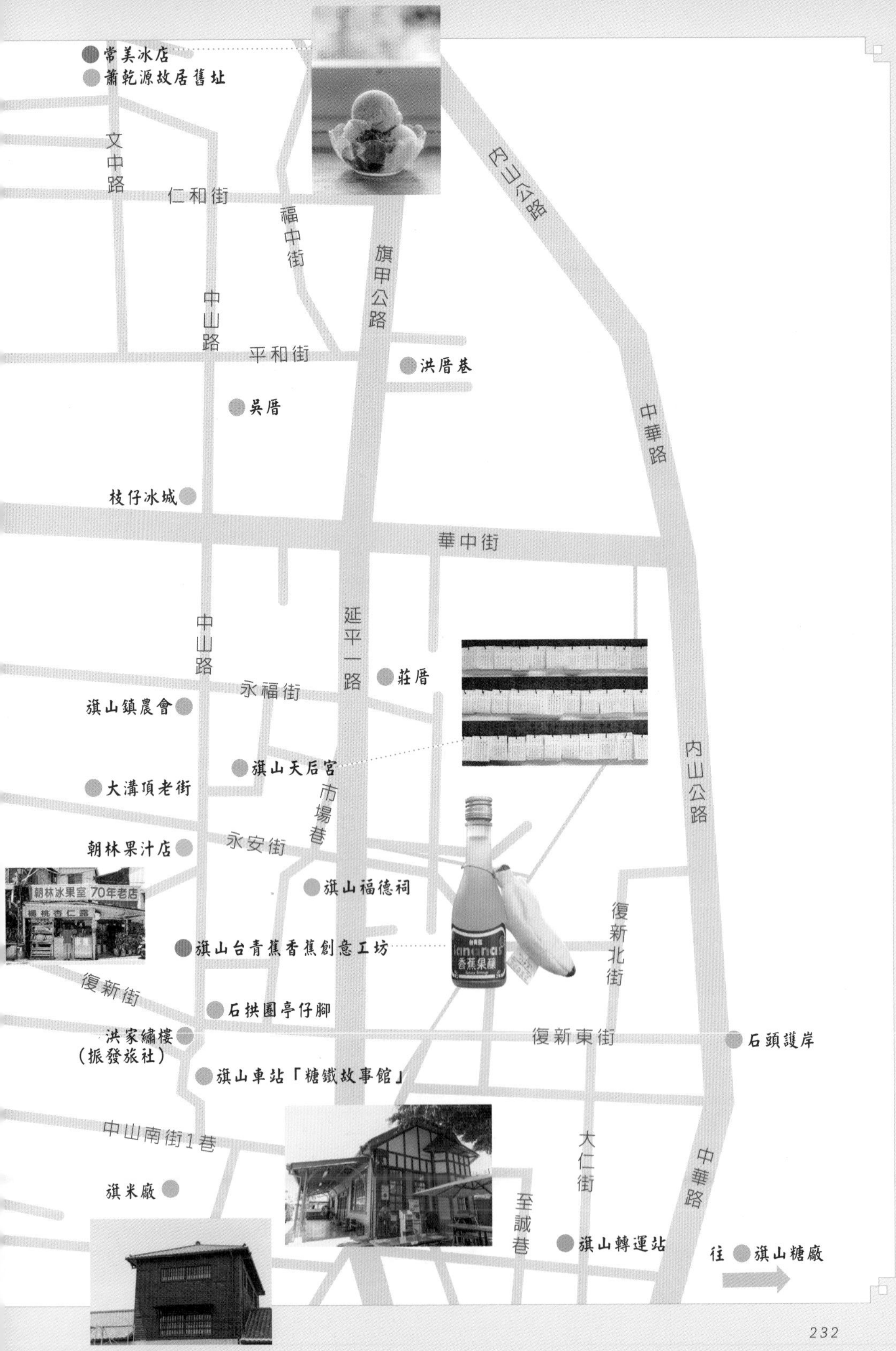

常美冰店
蕭乾源故居舊址
文中路
仁和街
福中街
內山公路
旗甲公路
中山路
平和街
洪厝巷
吳厝
中華路
枝仔冰城
華中街
延平一路
中山路
永福街
莊厝
旗山鎮農會
旗山天后宮
大溝頂老街
市場巷
內山公路
永安街
朝林果汁店
朝林冰果室 70年老店
楊桃杏仁露
旗山福德祠
旗山台青蕉香蕉創意工坊
香蕉果釀
復新北街
復新街
石拱圈亭仔腳
洪家繡樓
（振發旅社）
復新東街
石頭護岸
旗山車站「糖鐵故事館」
中山南街1巷
大仁街
中華路
旗米廠
至誠巷
旗山轉運站
往 旗山糖廠

map

高雄　旗山中山路

老街範圍

中山路、永安街（大溝頂老街）、中正路一帶。

如何到達

搭乘高雄客運或旗美國道快捷公車至旗山轉運站下車。

悠遊方式

步行或單車。

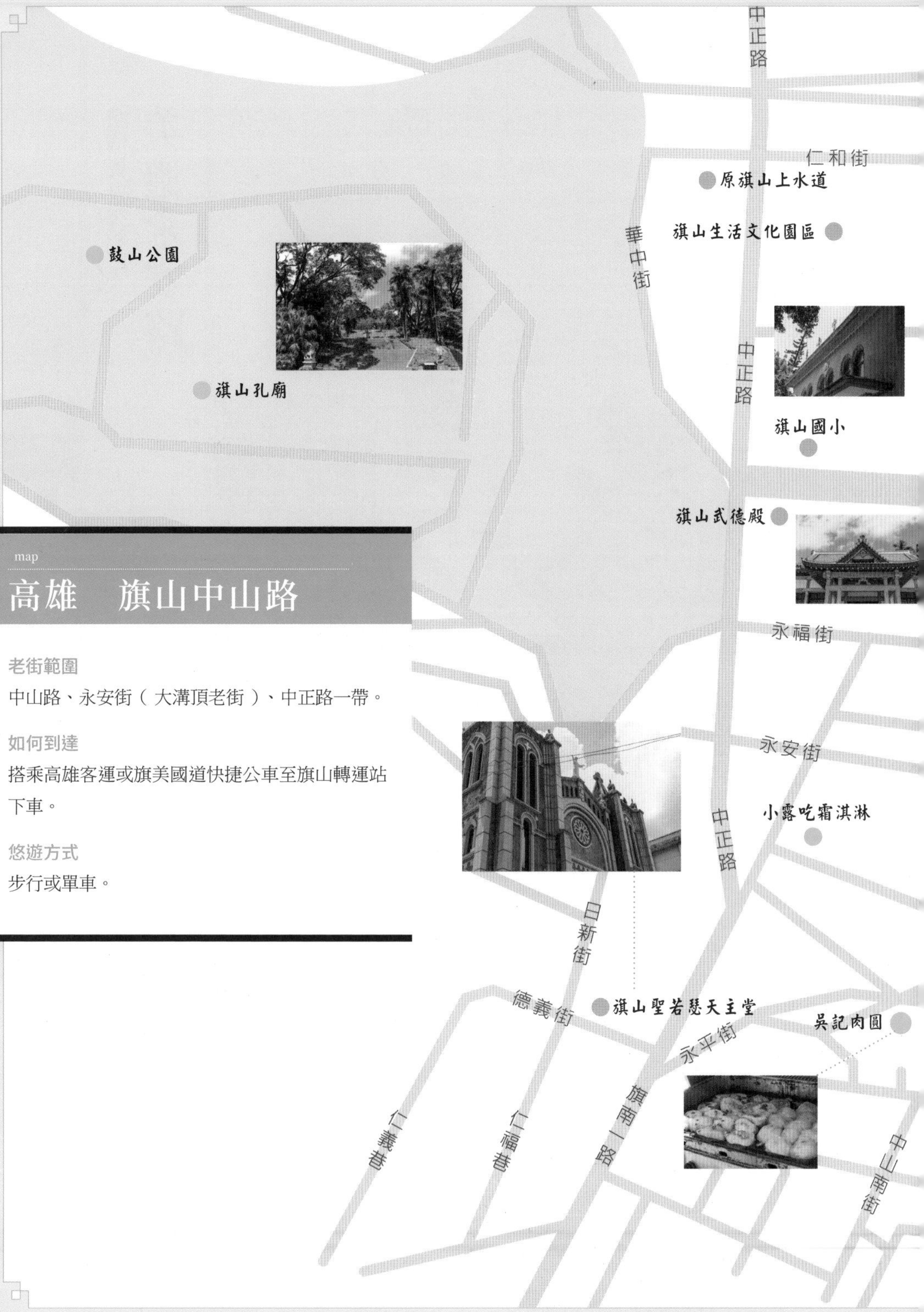

高雄

美濃永安路

濃情美景客家庄

Route 20

美濃林家宗祠濟南堂內部。

1. 被稱為台灣鄉土文學之父的鍾理和，晚年在尖山山麓生活、寫作的居處。
2. 跟隨在地作家腳步遊走美濃，更能貼近土地生命。

美濃古名「瀰濃」，據說取自早先居住此地的平埔族「瀰」力社與鄰近的荖「濃」溪，或許，還隱含漢人移民對於這塊山間荒原能水力充沛的殷盼；迨至日治時期易稱「美濃」，寄託日人懷念故鄉風土的情思。

今日的美濃有九成以上客家居民，源自於清乾隆元年（一七三六），協助清廷平定朱一貴之亂的將領廣東嘉慶州人林桂山、林豐山兄弟，呈請開發獲准，於是統領十六姓族人來墾，胼手胝足、世代蔓衍，建立起團結而自足的客家聚落。

日治時期，日人積極設電廠、鑿隧道引入荖濃溪水灌溉，美濃至此果真成了一方豐美潤澤之地，不但囊括高雄三分之二稻米產量，並能從事高經濟的菸葉種植，收入好轉使客家族群崇尚文教的傳統得以完全發揚，美濃小鎮一度成為全台灣孕育出最多碩博士的地區。

遊賞美濃，不妨與在地文學家鍾理和的足跡同行，其代表作品《笠山農場》描述：「在山崗之傍，在曲水之濱，在樹蔭深處，就有這種田家，有的竹籬茅舍，有的白牆紅瓦，由山巔高處看下來，這些田家在田壟中錯落掩映，儼然一幅圖畫。」透過文人蘊含濃情的雙眼，美濃的山水、田園、人情，恆常悠遠地美好而親切……。

早期客家族群敬字惜紙，常在村莊設有焚燒字紙的爐亭。美濃四座敬字亭中，保存最古老且完好的是位於中山路與永安路交叉口的瀰濃庄敬字亭，紅磚造六角形三層塔，設有石碑供俸倉頡、孔子、文昌帝君等。

美濃粄條與北方口味略有差異，以在來米摻番薯粉製作，顏色偏黃、口感較香甜且Q，知名的粄條街在中山路、美興街口一帶，在地人的口袋名單「阿城粄條」則偏西側較遠處。

永安路係美濃的「開庄第一街」，最早的二十四座夥房（註）由來此開發的十六姓氏合建，至今永安街上古老民房仍多，門額橫匾代表各宗族堂號，彎街斜巷裡，林氏西河堂、陳氏穎川堂、李氏隴西堂……述說看盡世代更迭的記憶。

地處街市樞紐的美濃文創中心，前身是日治昭和年間所建的美濃警察官吏派出所，在這棟和洋融和古色古香的建物裡，可望發生更多新舊創意的激盪。旁邊同一時期興築、通往南岸各庄的美濃舊橋現正修復中，橋旁的錦興行裡，客家藍衫的典雅色澤猶在傳誦客家女子勤儉樸實的美德。

菸業曾為美濃帶來榮景，如今繁華事散，只遺下市區外圍幾棟菸樓，在老街裡若想尋找菸業遺跡，只好倚藉「菸葉大王」林春雨的門樓古厝嗅聞些許歷史煙塵。

註　夥房：一夥人合住的房子，與閩式三合院類似，但三合院各房多相通，夥房各廂房則獨立。

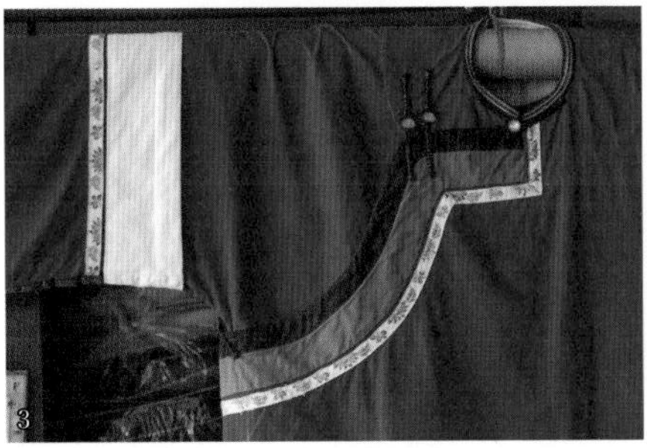

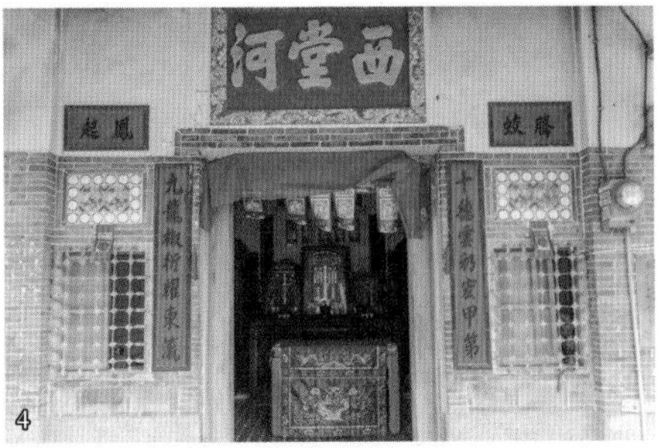

永安路老街一帶：

1. 瀰濃庄敬字亭位於美濃市區入口處，始建於清乾隆中葉，葫蘆頂、彩繪剪黏典雅帶古風。
2. 美濃文創中心所在區域，亦是清朝開庄起源處、日治時期的行政重鎮。
3. 錦興行藍衫店是台灣唯一現存仍在製作客家藍衫的商舖。
4. 祖堂是夥房的精神中心，圖為林家祖堂，門額橫匾堂號「西河堂」。
5. 林春雨門樓。林春雨曾是美濃的菸葉大王、在地首富。

老街周邊：

1. 東門樓。清代瀰濃庄周圍環植禦敵的莿竹林，乾隆年間（1755）東柵門改建為門樓形式。
2. 門樓外的庄頭伯公，外圍呈圓形風水造型。伯公對客家人來說是信仰寄託、傾訴心事的長者。
3. 在地最大的傳統夥房「濟南堂」，有半月池、化胎等風水設置，匾題「文魁」代表清朝時期曾有功名。

老街周邊：

1. 廣進勝油紙傘，從濟南堂進入可抵。油紙傘為早期客家庄遮日擋雨的日用品，也是婚俗禮儀必備物品。
2. 鍾理和文學紀念館，陳列鍾理和的手稿、書信、相片、著作等，使後人能了解這位深度刻畫台灣農村生活與悲喜的一代文學家。台灣首條文學步道和美濃著名自然景觀「黃蝶翠谷」就位於紀念館旁。
3. 1908 年興建的竹仔門電廠，為日治政府在南台灣所建最早的水力發電廠，對於灌溉美濃平原及促成高雄港市的現代化居功厥偉，已列為古蹟保護。

鍾鳳嬌師傅工作退休後，向人稱國寶的公公謝景來師傅習得藍衫製作手藝。

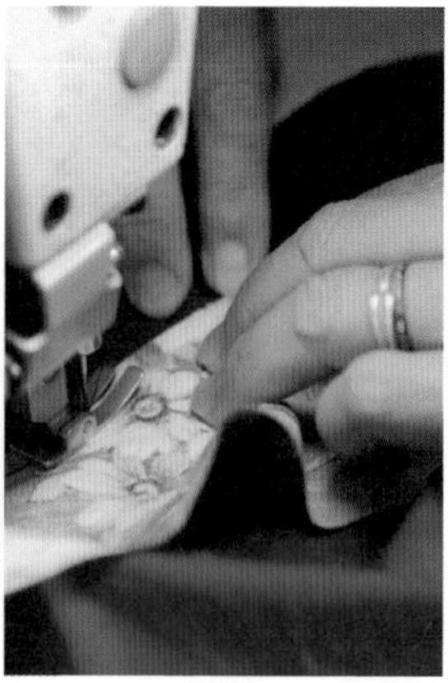

藍衫訂製

昔日客家婦人幾乎都穿大菁浸染而成的藍衫，隨著年齡、身分不同，樣式也有所變化：未婚女子袖口縫黃色粗邊、花邊，繡彩色花樣；年長者則袖口加黑、藍色粗邊，不綴繡花。

美濃的錦興行是碩果僅存的藍衫製作店家，幸好，創始者謝景來師傅於一〇三歲高齡仙逝之前及時傳予下一代，使這手巧藝能流芳後世。鍾鳳嬌師傅說：「本來老師傅說不要回來學，做這個會餓死，還好我五十七歲接手時，遇到客委會督導培訓和客家電視台幫忙廣告，加上轉型開發周邊產品，做了兩三年才漸漸有起色。」

鍾理和在小說裡描寫：「她穿著鑲有彩色闌干（花邊）的藍衫，藍衫的清晰和闌干的華彩襯托出少女青春的鮮活和敏慧。」望向店裡一字排開的藍衫，想像客家女子身穿藍衫婀娜多姿的模樣……這時，耳畔響起師傅的聲音把我拉回現實：「受到流行文化影響，現在客家族群不穿藍衫了啦，都是表演者或學校團體來訂製。」

錦興行藍衫店

高雄市美濃區永安路 177 號　07-6811191

廣進勝第二代吳劍瑛是藝術科班出身，專事傘面的設計發想、手工製作，如右圖皮影戲娶妻隊伍剪紙。

油紙傘繪製

在客家話中「油紙」與「有子」諧音、「傘」字裡有五個「人」象徵多子多孫、圓傘代表「緣」份，因此早期除了用來擋日遮雨，更是婚俗禮儀中不可或缺的吉祥物品。

廣進勝第二代老闆林榮君表示，紙傘製作步驟大致可分為製傘骨、糊紙、彩繪、上油各大項，工序極其繁瑣需要大量人工，因此民國五〇年代後輕工業發展、洋傘取代油紙傘，廠商相繼歇業，唯有父親林亭麟獨力撐持，直至六〇年代觀光興盛聲名鵲起，美濃油紙傘業才得以保存一絲命脈。

態度謙沖的林榮君師傅忍不住說：「要不是我父母兩位老人家好幾十年的堅持，現在已經沒有美濃油紙傘了。對我、我太太和接手的孩子來講，這好像是一種冥冥中的天命，由不得你。」

接近知天命的年紀，林榮君和太太吳劍瑛兩人因喜愛紙傘而結緣，每天製傘當作修行、恬淡過生活，「就像上一代告知我們的，堅持做好自己的工作，不貪不求就很快樂。」

廣進勝紙傘
高雄市美濃區民權路 47 號　07-6813247

map

高雄　美濃永安路

老街範圍

永安路老街為主，亦可造訪周邊景點。

如何到達

搭乘高雄客運、旗美快線、觀光公車旗山美濃線至美濃站下車，或於高鐵左營站搭快捷公車至美濃。

悠遊方式

老街可步行、騎乘單車。周邊景點較遠，可騎「美濃單車漫遊路線 」，或以汽機車代步。

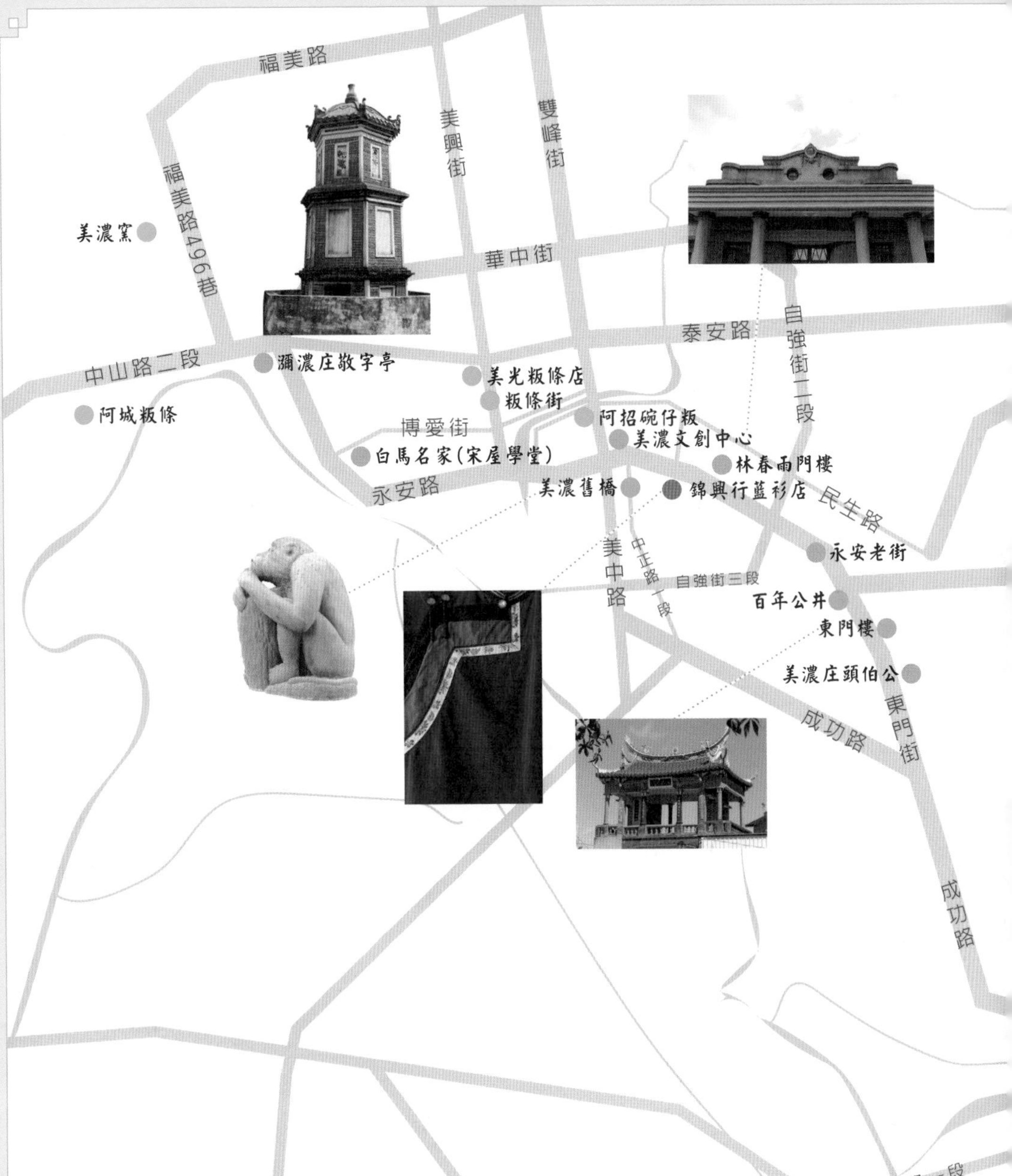
福美路
美興街
雙峰街
福美路496巷
美濃窯
華中街
泰安路
自強街一段
中山路二段
彌濃庄敬字亭
美光粄條店
粄條街
阿城粄條
博愛街
阿招碗仔粄
美濃文創中心
白馬名家(宋屋學堂)
林春雨門樓
永安路
美濃舊橋
錦興行藍衫店
民生路
美中路
中正路一段
自強街三段
永安老街
百年公井
東門樓
美濃庄頭伯公
成功路
東門街
成功路
中興路一段
美濃陶藝坊

東

宜蘭

頭城和平街

開蘭首城望春帆

Route 21

頭城和平老街南段的亭仔腳。

頭城火車站，設計概念來自龜山島和老街紅磚拱廊。

頭城名字裡有個「頭」字，自然少不了許多第一：頭城是漢人入蘭開墾首城、鎮內和平街為宜蘭地區僅存清朝古街、地形狹長轄有七座火車站為全台鄉鎮最多、中元搶孤活動的規模也年年稱冠……。

話說從「頭」，此地開發起自清嘉慶元年，福建漳州人吳沙率領閩、客流民進入蘭陽平原墾殖，建造土圍防禦原住民噶瑪蘭族，因此衍生地名「頭圍」，又稱頭城。清領時期的宜蘭，地勢阻絕對外往來不便，唯頭城有淡蘭古道可接往北部、烏石港可通航大陸，遂成蘭陽海陸要口、第一大邑。

宜蘭舉人李望洋作詩：「萬山屏障竹圍城，倚枕時聞海浪聲，報道春帆歸石港，人人爭看弄潮旋。」遣詞精簡，卻巧妙道出在地景觀特色，如宜蘭的多山形勢、頭城墾拓之初築莿竹城防禦、未陸化前海岸線近在咫尺、商船乘季節風而來的盛況。

只是，頭城也與其他台灣清代河港型都市步入同一命運——港口淤積以致航利盡失，加上日治時期宜蘭線鐵路通行，頭城的水陸運樞紐地位從此遠颺，和平街販賈喧闐不再。

近年來，政府積極擘劃烏石港紀念公園、賞鯨登龜山島、蘭陽博物館、頭城文創園區等觀光景點，令人期盼，旅遊發展能再次為頭城帶來春帆滿港的風光。

步出頭城火車站，站前右方是近年來新設的頭城文創園區，以日式鐵道宿舍群活化再利用，幾間咖啡店、文創小物與展示館把小小園區裡點綴得熱鬧有趣。往站前的民峰路走去，到了開蘭路別忘記回頭看看，遠方層次分明的青巒、近處龜山意象的火車站，與眼前的慢速街道，構成一幅天寬地闊裡遺世獨立的小鎮生活情調。

開蘭路是日治中期以後崛起的新市街，日人沿路設置公家機關、市場、信用組合、公學校等，今日仍是頭城的政商核心。開蘭舊路起點有處低矮的日本房舍，前身是頭城國小校長宿舍，修復後成為在地文學家李榮春的紀念館。

李榮春窮其一生書寫頭城，他的小說常以出生地和平街為場景，在他筆下，這條頭城最古老街道似乎永遠封存在往昔寧靜淳樸的時空裡。穿越文學館後方即可接至和平街，街北一座北門福德廟，與街南的南門福德祠遙遙相對，這是清同治年間，居民為了阻止街上財氣外流，特地請來土地公坐鎮頭尾幫忙看守財富。

北門福德廟前，清朝木牆石基座的十三行沿街迤邐，氣勢浩大，顯示昔時地方首富盧氏家族經商兩岸的家業之殷盛。十三行本為盧家的船頭行及倉庫，代理及存放布、樟腦、南北貨等，外觀保有清代閩式傳統建築的素樸莊重。

1.、2. 火車站旁的頭城文創園區，利用舊有鐵道宿舍活化而成。

3. 李榮春文學館，紀念這位二戰後第一代以白話文創作的本土文學家。

4.、5. 北門福德祠仍保持清朝時期的古樸樣貌。門口石獅改置簷下是一特色。

1.、2. 紅瓦屋頂木牆石基的十三行，騎樓廊道設在內部，現為康姓民宅。

3. ～ 5. 民鋒路口的和平街屋，寄居美麗紅磚屋裡的一家飲食小店，選用在地食材傳達支持農民的理念。

1.、2. 盧厝（盧纘祥故居）有日本黑瓦屋頂、西洋柱式及老虎窗，建築樣式混合中、西、日的味道。

往南續走幾步，占地廣闊的盧家大厝映入眼簾。這座三合院落的豪邸建於日治昭和時期，重金禮聘曾參與台灣總督府建築工作的宋祖平先生設計，據說所有規模皆比照總督府，因此地方上流傳「有盧家富，無盧家厝，有盧家厝，無盧家富」的俗諺。盧宅前方水塘滿池碧綠，昔日曾是頭圍港，一度代替淤塞後的烏石港持續為頭城引進商旅繁華。

和平街往南，昭和時期建築式樣的吳宅，女兒牆上勳章飾與花綵飾泥塑精細。大正年間興建的老紅長興和新長興樹記，是昔時批發來自台北、基隆、宜蘭等地南北雜貨的「大賣店」，建築風格中西合璧。

老街中段，清嘉慶元年興建因此得名的慶元宮峙立沙成路口，門口一對石獅目睹兩百年來河港成市街，自身也難以逃脫時光的摧枯拉朽，逐漸風化。

老街南段，日治前期建造的紅磚拱店屋毗鄰相接，商業型態與以行郊構成的十三行不同，以辦仲、割店、文市等小型商行為主。街尾土地公廟一樣形制考究，可惜仍無法阻遏經濟衰退。或許，土地公為頭城人留住的並非金銀財寶，而是超越時代興替的珍貴文化資產。

1

2

3

4

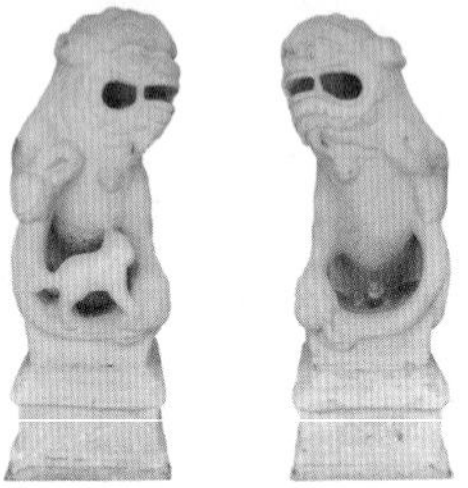

5

1. 盧厝前的大池塘曾是可連接河道通至外海的頭圍港碼頭，商船就綁繫在池邊的老榕樹上。
2. 往南過民鋒路，鋼筋水泥構造的吳宅，騎樓柱仿希臘古典風格，牆基貼白色磁磚。
3. 新長興樹記與隔壁的老紅長興，同為傳統木門窗加上西洋柱式山牆，形成中西對比的趣味。
4. 老紅長興門口的彩色磁磚為專門打造，樣式討喜。
5. 慶元宮前一對砂岩古石獅，雌雄特徵明顯，形制古拙可愛。

1. ～ 3. 和平街南段，源合成、陳春記兩大商號皆為面寬三間之磚造洋樓，連續磚砌拱圈與洗磨石子柱列構成街道立面印象。
4. 老街南端的南門福德廟，外觀不比北門古樸，但也是規模講究的土地公廟。

1. ～ 3. 和平街上常見的建築特色：腰門，用意在防止孩童外出、禽畜進入。
4. 開蘭路的小涼圓冰果室、青雲路的阿宗芋冰城都是頭城知名冰品。
5. 若至烏石港，遺址公園、蘭陽博物館可更深入為頭城帶來繁榮的烏石港歷史。
6. 烏石港已重新整治過，提供遊客觀光魚市、賞鯨船、登龜山島等旅遊項目。

頭城火車站前的新協珍，所產製的花生糕、鹹李糕堪稱地方最富地方風味的糕點。

漢餅西點

頭城火車站前的民鋒路，有家外觀飄散濃濃台式古早味的新協珍食品，是頭城在地唯一一家麵包糕餅店。這家六十多年的老店，由創辦人黃萬枝奠定漢式糕餅的基礎，第二代黃源益遠赴日本學習西點烘焙，因此產品項目包羅各式中西糕餅麵包。

新協珍每一天的製作內容不盡相同，總是跟著地方上的年節慶典而變化。例如，每日基本烘焙的麵包是居民的早餐與點心，神明生時必定有麵龜、米香餅等祭拜品項出爐，遇到嫁娶則不可或缺訂結用的禮餅，一到農曆七月便得炊蒸糕類供應中元普渡，到了八月便是大量製作月餅的檔期……，老店節奏完全依隨著小鎮的呼吸脈動。

店裡獨創造型的「花生糕」，原料來自現炒花生和嚴選綠豆，入口香濃細滑兼之外型討喜；還有足以代表宜蘭名點的「李鹹糕」，以傳統Q糕為基礎加入蜜餞，軟Q口感中酸甜韻味悠長，都是頭城人享用了數十年的在地特有風味。

新協珍食品
宜蘭縣頭城鎮民鋒路 1 號　03-9771128

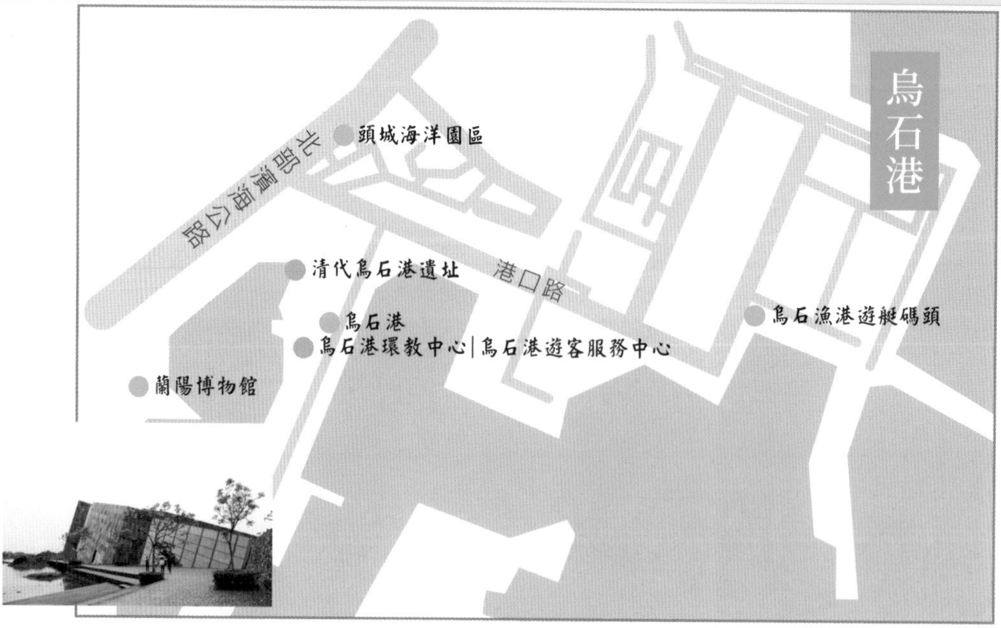

map

宜蘭　頭城和平街

老街範圍

以和平街為主。

如何到達

搭乘台鐵至頭城火車站，或搭乘國光客運 1877 至頭城站。

悠遊方式

步行即可。若欲往烏石港可搭乘計程車。

頭城和平街

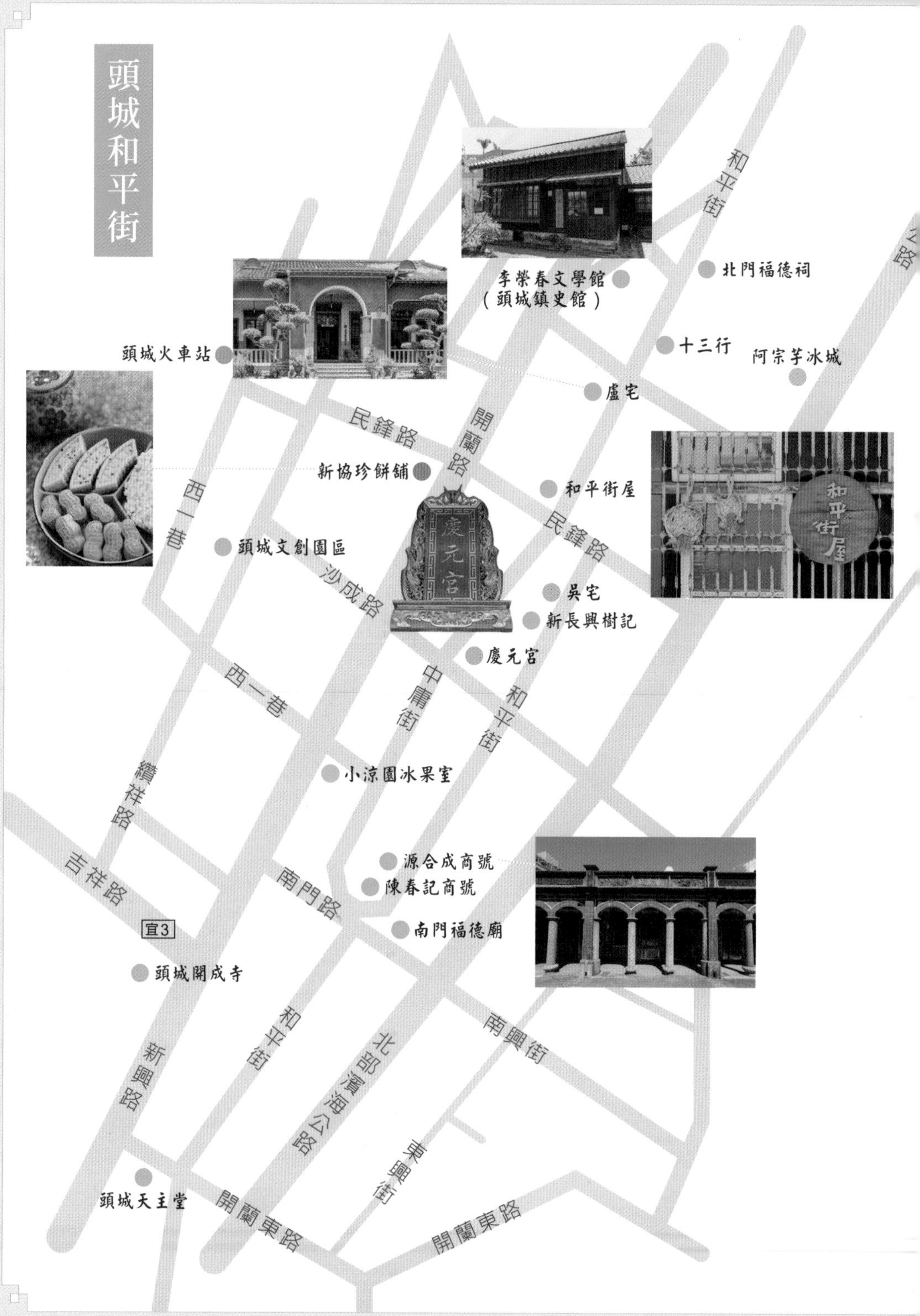

李榮春文學館
(頭城鎮史館)
北門福德祠
頭城火車站
十三行
阿宗芋冰城
盧宅
民鋒路
開蘭路
新協珍餅舖
和平街屋
西一巷
頭城文創園區
沙成路
慶元宮
吳宅
新長興樹記
中庸街
和平街
小涼園冰果室
纘祥路
吉祥路
宜3
源合成商號
陳春記商號
南門路
南門福德廟
頭城開成寺
南興街
北部濱海公路
新興路
東興街
頭城天主堂
開蘭東路

離島

金門

進士僑商遍仙洲

明遺古街 後浦老街區 各傳統聚落

Route 22

水頭聚落得月樓。

1. 島上山林自元代以來多次砍伐，導致風沙災害嚴重，居民常在村口設置擋風避煞的風獅爺。
2. 金門酒廠大門，也是重建的金門城南門。

明末，出身福建的官吏曹學佺從海上觀望金門的角度，寫下「浯州斷嶼入海水，仙人倒地臥不起」，「浯州」是金門古稱，「仙人倒地」則描繪島上脊樑太武山綿延起伏的形勢。

這塊海上仙洲，自古以來便是中原人士遠離戰禍、另闢天地的桃花源。據傳，晉元帝建武年間（三一七年）即有漢民避難移居；史實可證，唐代中葉牧馬監陳淵率領十二姓氏移民拓墾，是為正式開發之始。

從宋至清，金門文教日興，歷代進士達四十四人、舉人一百三十餘位，西洪一地甚至流傳「人丁不滿百，京官三十六」的俚語，說明了科甲功名之昌盛。

明洪武年間，江夏侯周德興奉命築城，因形勢「固若金湯，雄鎮海門」而取名金門，戰略意味濃厚的名字似乎揭示了這塊島嶼後來的命運：清初鄭成功部隊進駐，從此將金門從文治時期推向武備階段，而國共戰爭下的金門，則成了煙硝砲火中的反攻前哨站。

由於孤懸海上，數世紀以來海盜倭寇侵擾不斷，加上土地磽薄耕稼困難，移往海外發展者眾。許多經商有成的僑商衣錦回鄉，在聚落裡起建一座座華洋混雜、極其豪奢的洋樓，又為金門錯綜的人文底蘊添上一抹瑰麗風貌。

逛老街

六百多年來，金城鎮一直是金門島上首要的政治經濟中心。明太祖洪武二十年（一三八七）在今金城鎮西南隅砌築金門城，內捍漳廈外扼台澎，並於外圍山頂設置「文台寶塔」引領海港船隻。

清康熙二十一年（一六八二）起，總兵署、文武衙署等行政機關陸續遷置於今金城鎮北方的後浦，金門城首屈一指的重要性逐漸為後浦取代，直至今日。

各領風騷三百年，金門城與後浦皆留下彌足珍貴的時代軌跡。金門城幾經戰禍，尚存東、西、北三處城門，與島上最古老的市街「明遺古街」。

後浦老街區的史蹟景點更是不可勝數，包括據傳肇建於唐代的金門第一古剎觀音亭、奠定後浦重要定位的清總兵署、科舉制度下文人崇敬的奎閣、鑲嵌聖旨牌的邱良功母節孝坊，還有近代受到外來文化影響而仿效興建的模範老街、僑商洋樓等。

走完古今金城，島上各大傳統聚落亦不容錯過。許多聚落起源自宋末元初時大批閩南沿海民眾的移墾，並隨著各時代的變遷而構築出不同面貌，代表金門悠久豐厚的民居文化。

古城、舊聚落，金門的人文風采隱藏在街垣細節裡，每一塊磚瓦彷彿都有一個故事，等待你走近聆聽。

明遺古街：

1. 明代設金門城主在抵禦海盜侵擾，海口可泊靠船隻，圖為北城門。
2. 與金門城同年興築的文台寶塔是台灣地區最古老石塔，古人頌云：「振衣直上凌高頂，十里雲煙一望收。」
3. 明遺古街在明朝時是貨物交易市集與交通要道，由石板條鋪設而成車轍道。
4. 古街兩側的長形店屋，保存了明末清初的建築風貌。
5. 街道中約建於 1930 年的黃天佑洋樓，西洋古典式樣莊重素雅，在一片傳統店屋建築中顯得突出。

後浦老街區：

1. 模範老街，1924 年時由福建匠師設計承造，以 32 間單拱拱圈連廊式紅磚店屋組成，造型簡潔、富南洋風。
2. 清金門總兵署，原為明朝進士許獬的書齋，後改建為總兵署，成為金門最高行政機關達三百多年。
3. 邱良功母節孝坊，牌坊的聖旨、石獅、龍柱、雲紋等石刻雕工精巧無比。
4. 主祀魁星的奎閣建於清道光年間，樑柱椽桁、窗櫺衛廊十分考究，古風充溢。

北山、南山聚落：

為金門較早開發之聚落，隔雙鯉湖對望，與林厝合稱古寧頭，為李姓聚居之地。

1. 北山古洋樓，周身留有受砲彈轟炸痕跡，是古寧頭戰役著名地標。
2. 菲律賓僑商李森樅僑匯所建洋樓，曾作為軍事駐紮地。
3. 古龍頭水尾塔傳建於清乾隆年間，為鎮水守財之用的風水塔。
4. 雙鯉古地關帝廟相傳位於浮水蓮花穴上，風水故事不少。
5. 南山李氏宗祠，李氏兩大宗祠皆設於南山。

1

2

3

4

5

6

珠山聚落：
是由原鄉同宗薛姓親族聚居而形成的單姓村，空間上以宗祠與水塘為主軸，整體地勢如碗缽，四周緩坡林相茂密，具備「前低後高、坐山觀局」（註）格局，是詮釋住民風水觀的著名聚落。

1. 聚落中有水塘，有方便取水、排水、消防、養殖魚蝦等考量。
2. 圖中央上方者為聚落裡最具規模的菲律賓僑商薛永南兄弟洋樓。
3. 薛氏家廟。明中葉至晚清，金門的群聚村落多有興建宗祠。
4. ～ 6. 各傳統聚落許多古厝皆經由金門國家管理公園整修後活化為民宿。

註　坐山觀局：「山」意指背後有較高的地勢，「局」則是前方為平坦農地或池潭。

1

2

3

4

5

水頭聚落：

因臨近碼頭，居民外出經商頗多，是金門頗具代表性的僑商聚落。僑商至大陸或南洋致富後匯款興建住宅、家廟。1920～1930年代，閩粵沿海賊寇盛行，僑商人人自危，便興建銃樓、碉樓、更樓等防禦設施。

1. 1931年印尼僑商黃輝煌興建銃樓得月樓，取名自北宋蘇麟「近水樓台先得月」，寓制敵機先之意。

2. 得月樓旁的黃永遷、黃永鑿兄弟洋樓，是水頭聚落裡規模最大的洋樓，廊柱柱頭上天使泥塑富異國風情。
3. 黃輝煌洋樓建築呈凹字型的三塌壽格局，山牆塑有西洋盾牌，兩側角樓牆面以磚組砌成吉祥文字。
4. 聚落裡的九棟雙落大厝「水頭十八支櫼」建於清乾隆年間，由在大陸經商致富的黃氏族人興建，堪稱金門最早期的計畫性建築。
5. 金水國小格局採回字形，1932年興建時是金門規模最大的洋樓小學。

瓊林聚落：

古名「平林」，緣於昔日聚落附近樹木茂密，望之彷若森林，直至明天啟年間，出身平林的進士蔡獻臣得熹宗賞識，遂獲御賜里名瓊林。瓊林於明清二代文官武將輩出，欽譽士林，聚落裡以大宗宗祠蔡氏家廟為中心，宗祠數量之多冠於金門。

1. 瓊林北風獅爺，手持令旗，生殖器狀似葫蘆，身披威風紅袍。
2.、3. 蔡氏家廟，內懸「父子文宗」、「祖孫父子兄弟叔姪登科」等牌匾，可見滿門貴盛之況。
4. 瓊林位於金門重要戰略位置，民國 65 年開始修築地下戰鬥坑道，內有射擊口、衛兵哨、水井、彈藥庫、糧倉等設施。
5.、6. 聚落裡的怡穀堂建於清道光年間，後捐作義學學堂，是金門第一間國民小學校址所在。合院式院落，外觀封閉而內部空間不對稱，窗花造型多變。

山后聚落和碧山聚落：

皆在本島東北端，地理位置接近。山后聚落中的海珠堂、碧山聚落中的睿友學校，都是由僑商捐資興建的學校，一中一西各富特色。山后分為上、中、下三堡，中堡即為著名的山后民俗文化村，是晚清時期由日本僑商王國珍家族建造的十八間傳統閩南古厝。

1. 山后聚落十八座雙落閩南古厝井然序列，燕尾脊連綿相接。
2. 海珠堂維持傳統二落大厝，櫸頭部分疊成二樓，天井兩側有磚拱廊。
3.、4. 碧山聚落最氣派的陳清吉洋樓建於 1930 年，門口山牆國民黨徽標誌顯眼。
5.、6. 睿友學校，具有誇飾的西式山頭與外廊等特徵。

1

2

3

4

5

其它傳統部落：

1. 相當少見的趴臥風獅爺，位於洋山聚落水塘邊。
2. 沙美老街的金沙戲院是許多曾到金門服役阿兵哥的回憶。
3. 浦邊聚落的洋樓碧月軒，立面裝飾天使、帶翼獅子，藝術性濃厚。
4. 浦邊與后宅聚落交界處的陳楨墓為明朝古墓代表作。
5. 成功聚落的陳景蘭洋樓為全金門最大之洋樓，二戰後被徵用為官兵休假中心。

漁民洪光照在夏墅港的泥濘灘地上以鋤頭捕捉沙蟲。沙蟲長約 10～20 公分，呈淡粉紅色，形似大號蚯蚓。

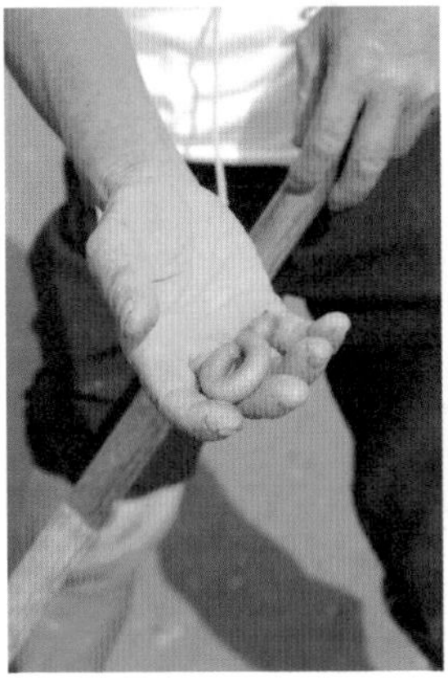

捕沙蟲

金門的海鮮餐廳時有推出「炒沙蟲」這道令外來人大感驚奇的特色料理，沙蟲又稱沙蠶，本來只是一種在地人才吃的粗俗食物，二、三十年來因觀光商機而身價暴漲。

沙蟲料理素以三大特色聞名：「抓得快」，因竄逃迅速所以捕捉時要眼明手快、「炒得快」，以保持鮮美滋味、「吃得快」，不然慢了口感變韌有如嚼橡皮筋。

嚨口、湖下、夏墅、後豐港等沿海潮間帶便是沙蟲棲居之地，家住後豐港的老漁民洪光照先生是目前僅存少數幾位抓沙蟲師傅，有時配合社區協會的活動示範捕捉過程。

目睹肥碩沙蟲在師傅手裡蠕動不停，我不禁疑惑前一晚在餐廳點的沙蟲料理，為何體型有如豆芽菜一般瘦弱細小？洪師傅搖了搖頭：「抓野生沙蟲要看天氣、看潮汐，也要看運氣，有時候好幾個小時挖不到半尾，所以價格很難調降，現在餐廳大多是跟大陸進口養殖沙蟲，光是進價就低了一倍呀！」

後豐港社區發展協會
金門縣金城鎮後豐港 10 號　0918-678113

後浦老街區

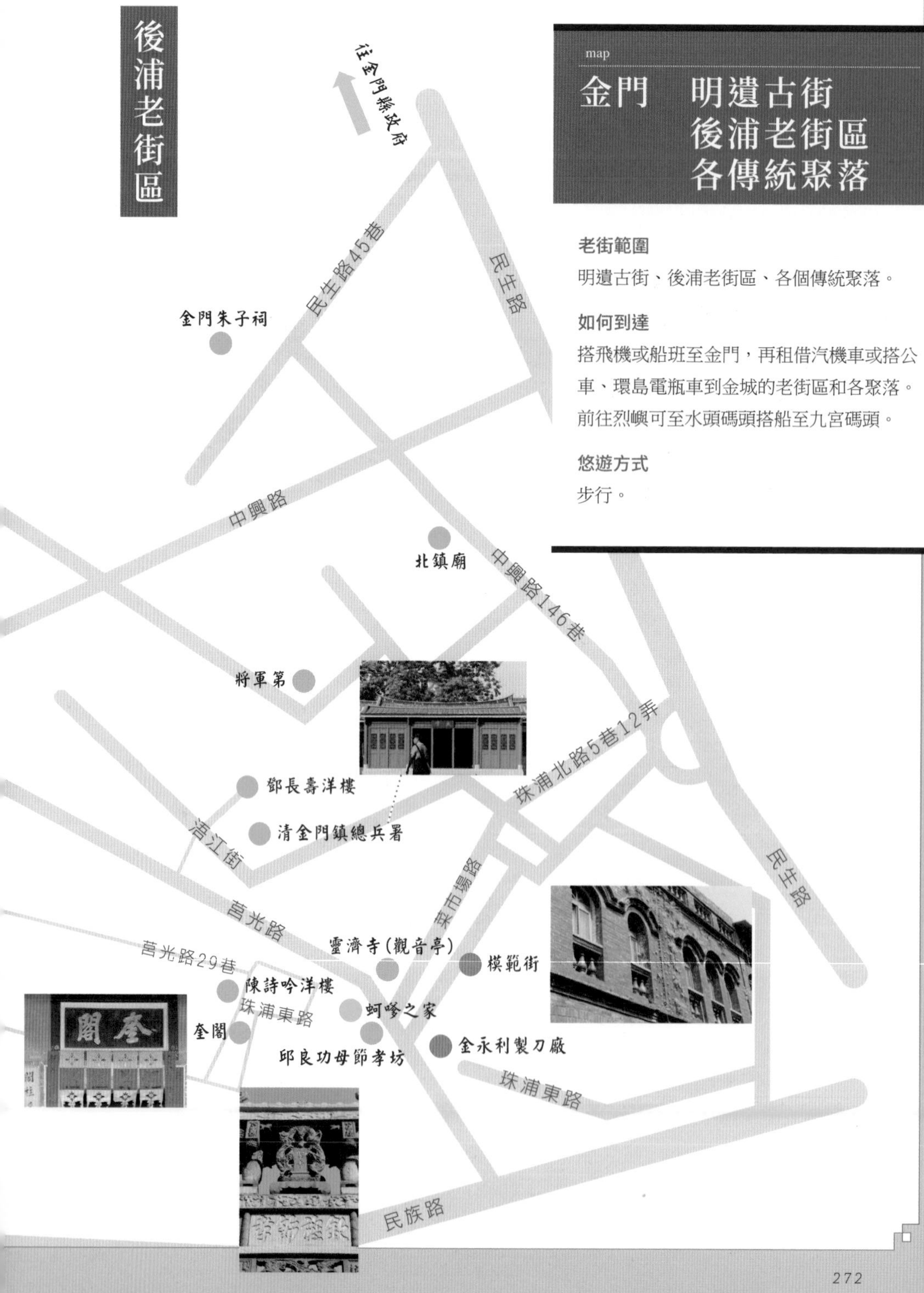

map

金門　明遺古街
後浦老街區
各傳統聚落

老街範圍

明遺古街、後浦老街區、各個傳統聚落。

如何到達

搭飛機或船班至金門，再租借汽機車或搭公車、環島電瓶車到金城的老街區和各聚落。前往烈嶼可至水頭碼頭搭船至九宮碼頭。

悠遊方式

步行。

明遺古街＋各傳統聚落

馬山觀測站
山后聚落
洋山聚落
陳禎墓
沙美老街
碧山聚落
古寧頭戰史館
古寧頭聚落
浦邊聚落
后宅聚落
小徑聚落
金門毋忘在莒
后盤村聚落
太武山風景區
瓊林聚落
湖井頭戰史館
金門國家公園
魯王墓園
榕園
後浦老街區
西方聚落
山外聚落
九宮碼頭
抓沙蟲
成功聚落
延平郡王祠
金門航空站
東林老街
浯江書院
陵水湖賞鳥步道
水頭碼頭
水頭聚落
歐厝聚落
明遺古街
珠山聚落
翟山坑道
金門高中
民權路88巷
內武廟
後浦16藝文特區
新大廟口活海鮮
中興路
民權路
光前路
珠浦南路74巷
珠浦南路
珠浦南路
民族路
許金鐘洋樓
民族路266巷
民族路216巷
許允選洋樓
民族路

澎湖

航海時代灘頭堡
媽宮城 二崁聚落

Route
23

澎湖唯一一位進士蔡廷蘭的舊宅，位於進士第東側。

1. 澎湖鄉間隨處可見「菜宅」——壘疊玄武岩或硓𥑮石牆以遮蔽強風、保護農作物。
2. 由於深受自然環境威脅，居民常在聚落、港灣設置石塔、石敢當等辟邪物。

澎湖群島星羅密布，有如上帝灑落在台灣海峽上的一串晶瑩珠鍊，目前調查島嶼總數達九十，有人島佔十九。

日治時期學者發掘得知，澎湖遠在史前即有人類居住，許多島上仍遺留石器時代遺址。至於漢人遷居開發澎湖的時間點，因古名常與琉球、台灣相混而未能確定，可採信的是據南宋樓鑰《攻媿集》所述，當時已有移民居住且名為「平湖」，取其「外海波濤洶湧，港內平靜如湖」之意。

元世祖將澎湖納入版圖置巡檢司，開啟設治之始。元朝航海家汪大淵撰《島夷誌略》歷敘：「土脊不宜禾稻、氣候常暖、採魚蝦螺蛤佐食、山羊孳生」，這些特點直至今日仍可得見。

由於地理上的特殊性，明清時期盜寇侵擾甚烈，十七世紀時荷蘭人更兩度攻占，之後歷經施琅攻台、中法戰爭、中日戰爭，二戰美軍轟炸等，古稱平湖的澎湖一點也不得平靜。

於是，小小島嶼遺留下超高密度的歷史痕跡：全台最古天后宮、荷人所建歐式城堡基座、施琅軍隊開鑿古井、法軍陣亡紀念碑、日治時期廳舍……，見證數個世紀以來風起雲湧的海洋爭霸史。

馬公中央老街，是漢人抵達澎湖後最早聚街成市的商業區，現仍保有多處重要史蹟。

逛老街

馬公市區的中央街，是漢人抵達澎湖後最早聚集的商業區，雖然老街形貌不復當年，仍有許多各個時代的珍貴遺跡值得探訪。

老街西側的天后宮肇建於約明嘉靖四十二年（一五六三），就算不清楚它身為台灣首座媽祖廟的重要歷史，一樣會對它以玄武岩與硓𥑮石堆疊成牆身的莊重氛圍有所感應。馬公昔稱「媽宮」，即由媽祖宮簡化而來，可見對討海為生的早期漢人來說，此間信仰所代表的重大意涵。

以此為起點向東行進，即可遇見清朝施琅部隊進駐留下的萬軍井、施公祠。續往北走，朱漆大門的中央旅社、西河印刷廠，是澎湖最早的旅社和印刷廠，面貌樸拙可愛。

北端一座三百多歲的四眼井仍有泉水汩汩而出，任遊人掬取清涼，井旁日治大正年間創建的老屋乾益堂，薛氏家族世代傳承中藥行業不輟。

往回走，南端的水仙宮在清代曾有台、澎、廈門之間貿易往來的商人設立台廈郊，也是澎湖最古老的民間團體。馬公港邊，舊郵便局、警察文物館和稅關派出所同為日治時期和洋混合風格的老屋。

中央老街居中，向東南西北四個方向方推至民福路、中山路、介壽路與民生路，便可推度出媽宮古城範圍，遊走其間，數百年來的時代表情各異其趣，又互為疊映。

中央老街一帶：

1. 澎湖天后宮是台灣地區歷史最悠久的媽祖廟，屬於傳統閩南式樣。
2. 施公祠與一旁的萬軍井之關聯：清康熙年間，提督福建水師進駐澎湖苦無水源，施琅祝禱後甘泉湧出，足供萬軍使用因而名之。
3. 中央旅社、西河印刷廠是澎湖最早的旅社和印刷廠。
4. 四眼井同時開有四孔，方便多位居民同時打水。
5. 清光緒年間，澎湖水仙宮內設有「台廈郊會館」，辦理澎湖與大陸之間的貿易業務。（張經岳／攝）

馬公市區：

1. 清光緒 15 年（1889）竣工的媽宮城是台灣城牆最厚者，今僅存順承門和西側一段城牆。
2. 觀音亭建於清康熙年間，陸續毀於清法戰爭、日軍侵澎，後於昭和 2 年（1927）重建，廟前石獅和正殿三個匾額是百年文物。
3. 篤行十村曾是清朝砲兵部隊操練所、日治時期司令部和官舍群、民國時期眷村。
4. 蔡廷蘭進士第興建於清道光年間，建築仿照祖居地金門瓊林故宅邸。

其它傳統聚落：

除了馬公市，澎湖本島和各離島尚有許多極富魅力的人文聚落，諸如本島東端的南寮古厝群、望安島花宅聚落、西嶼二崁古厝聚落等，都顯現了澎湖先民在嚴苛的地理環境中，善用自然立命安身的智慧與堅韌。

1.、2. 南寮古厝群，先民約於明朝崇禎年間從閩南泉州移居，村落裡的硓𥑮石牆與古早魚灶（註）訴說著「海海人生」。

3. ～ 5. 花宅聚落，清康熙年間已見史書記載，海島小漁村風情別具。長和冰枝廠是花宅聚落裡製作枝仔冰的工廠。曾家古厝保有村中最多見的一落四櫸頭（註）格局。

6. 七美島南嶼城，石牆砌成，陳姓族群於清乾隆年間所建以防禦海盜。

註　魚灶：烹煮過剩漁獲，使之延長保存期限的加工保存設備，多以紅磚砌成，有四角形煙囪。
櫸頭：即廂房，是金門閩南傳統民宅常見格局形式。

1

2

3

二崁聚落：

1. 二崁聚落名列全台灣第一個傳統聚落保存區。
2. 陳家古厝牆面以玄武岩砌成，仿巴洛克風格山牆裝飾時鐘和彩繪瓷釉面磚。（林一宏／攝）
3. 聚落外擋煞用的一道風水牆「二興牆」。

從澎湖本島路經跨海大橋前往西嶼，橋下有幾位釣友頂著烈日、強風等候魚兒上鉤，讓人想起西嶼的洋名——漁翁島，十六世紀時經葡萄牙人為它命名並標示於海圖上，之後荷蘭、日本軍隊亦加以沿用。循著狹長的地形由北而南奔馳，西嶼著名的人文自然景觀：二崁聚落、池西玄武岩、西嶼古堡、漁翁島燈塔等在眼前一路開展。

二崁先民來自金門以漢藥為業的陳姓宗族，四百多年來在此形成聚落，成為全台灣第一個傳統聚落保存區。地方居民多年來投入社區營造，傳香、褒歌（註）、金瓜粽、土豆粿……，每家古厝各自展示著濃厚的在地特色。

這裡還有棟引人注目的豪邸「陳家古厝」，由轉赴台南經營中藥致富的陳嶺、陳邦兩兄弟興建，仿巴洛克風格的立面裝飾多采多姿，表現閩洋折衷式樣建築的綺麗外觀。

註　褒歌：常民歌謠的一種，以傳唱表達心聲的即興創作，反映當地風俗民情。

無添加物的天然薰香溫柔地繚繞古厝，這是屬於二崁的氣味。

草藥柱香

踏進二崁聚落，古厝外曝曬幾盤褐色柱香，淡淡薰香從裡頭飄出。循著芬芳踱入厝內，四個竹篩題上「二崁傳香」，慵懶倚在綠柚花窗上。廳堂裡，蓄短髭的老闆陳怡碩快手快腳揉搓香條，熱心介紹：「這是用澎湖盛產的山芙蓉、艾草和天人菊，曬乾磨成粉後製作而成的。」

二崁聚落是全台灣第一個傳統聚落保存區，社區營造行之有年。陳怡碩分享，二崁的特色之一是居民全屬陳氏宗親，父親那一輩非常有遠見，數十年前就決定開創在地產業，讓子孫能留下來發展。

經過腦力激盪，每家每戶各自選擇既能結合自己專長，又可發揮在地特色的不同行業以避免競爭。陳怡碩的父祖輩皆是中醫藥從業人員，在高雄業界名氣不小，因此研發具驅蚊功效的草藥柱香，並結合澎湖著名的「大目船」作為香座造型。

陶土捏塑的大目船香煙裊裊，在地風情十足又古意盎然，我想，說它是台灣第一代的「文創產品」也不為過吧！

二崁傳香
澎湖縣西嶼鄉二崁村 14 號　06-9982776　0975-010698

媽宮城

（張經岳／攝）

map

澎湖　媽宮城
二崁聚落

老街範圍

媽宮城的範圍為馬公市三民路、民福路、中山路、金龍路、新復路、介壽路與民生路包圍起來的街區。二崁聚落位於西嶼鄉二崁村。

如何到達

搭飛機或船班至澎湖，再租借汽機車或搭公車到老街區。前往西嶼可經由澎湖跨海大橋，其他離島行程可至馬公港搭船。

悠遊方式

步行、單車。

各傳統聚落

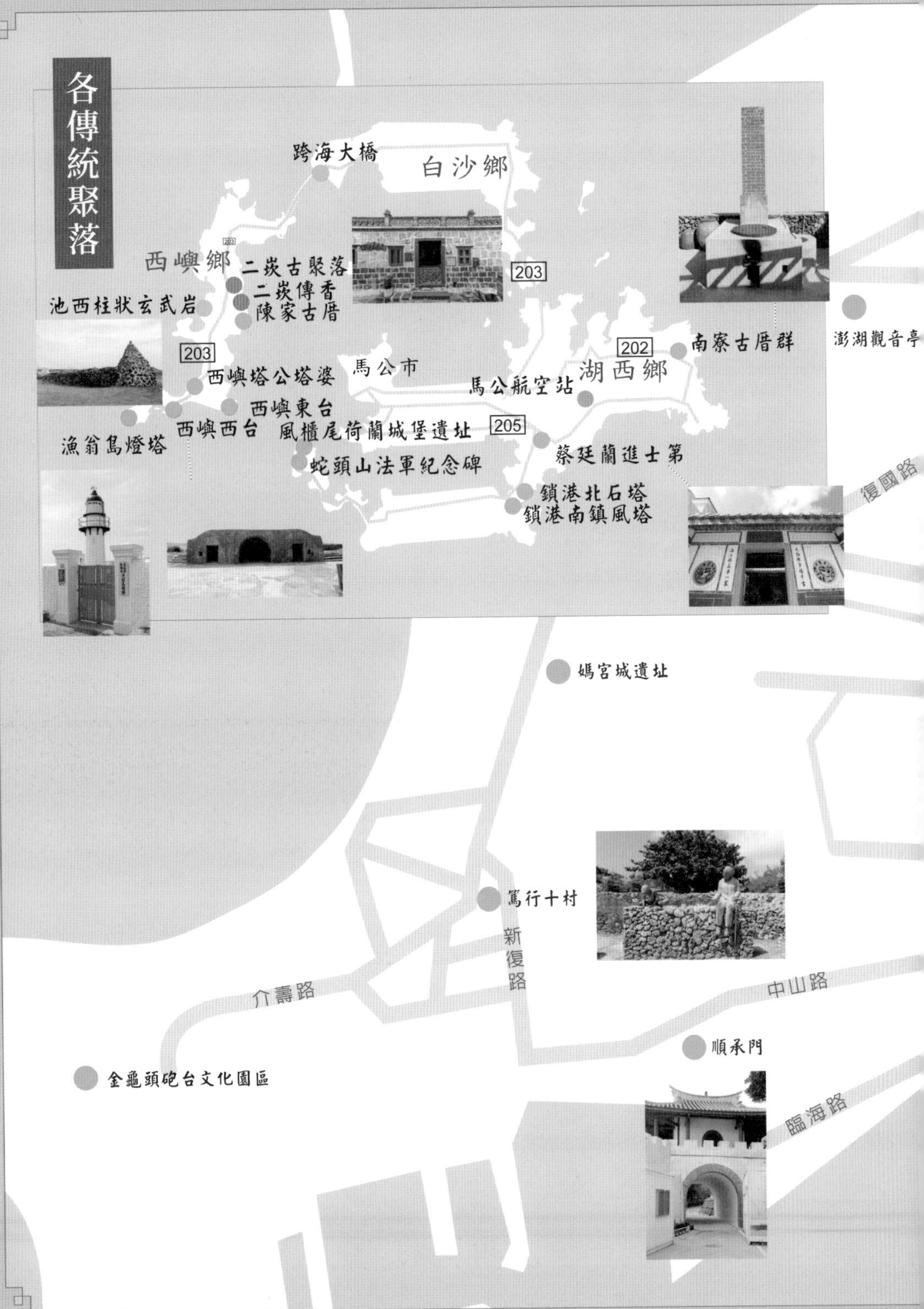

跨海大橋
白沙鄉
西嶼鄉
203
二崁古聚落
二崁傳香
陳家古厝
池西柱狀玄武岩
203
西嶼塔公塔婆
馬公市
西嶼東台
漁翁島燈塔
西嶼西台
風櫃尾荷蘭城堡遺址
蛇頭山法軍紀念碑
205
202
南寮古厝群
澎湖觀音亭
湖西鄉
馬公航空站
蔡廷蘭進士第
鎖港北石塔
鎖港南鎮風塔
復國路
媽宮城遺址
篤行十村
新復路
介壽路
中山路
順承門
金龜頭砲台文化園區
臨海路

國家圖書館出版品預行編目資料

老街誌 / 張倫著. -- 初版. -- 臺中市 : 晨星, 2018.10
面； 公分. -- (台灣地圖 ; 44)
ISBN 978-986-443-507-4(平裝)

1.老街 2.人文地理 3.台灣遊記

733.6 107015020

台灣地圖044

老街誌

線上讀者回函，
加入馬上有好康。

撰文、攝影 張倫
主編 徐惠雅
執行主編 胡文青
校對 胡文青、張沛然、黃幸代、黃姿瑋、蔡穎詩
地圖繪製 許芷婷、張倫
美術編輯 陳正桓
封面設計 楊啟巽

創辦人 陳銘民
發行所 晨星出版有限公司
台中市407工業區30路1號
TEL：（04）23595820 FAX：（04）23550581
E-mail：service@morningstar.com.tw
http：//www.morningstar.com.tw
行政院新聞局局版台業字第2500號
法律顧問 陳思成律師
初版 西元2018年10月20日
總經銷 知己圖書股份有限公司
台北 台北市106辛亥路一段30號9樓
TEL：（02）23672044 ／ 23672047 FAX：（02）23635741
台中 台中市407工業30路1號
TEL：（04）23595819 FAX：（04）23595493
E-mail：service@morningstar.com.tw
網路書店 http://www.morningstar.com.tw

郵政劃撥 15060393
讀者服務專線 04-23595819#230

印刷 上好印刷股份有限公司

定價 450元

ISBN 978-986-443-507-4
Published by Morning Star Publishing Inc.
Printed in Taiwan

◆讀者回函卡◆

以下資料或許太過繁瑣，但卻是我們了解您的唯一途徑，
誠摯期待能與您在下一本書中相逢，讓我們一起從閱讀中尋找樂趣吧！

姓名：＿＿＿＿＿＿＿＿ 性別：□男 □女 生日： ／ ／

教育程度：＿＿＿＿＿＿＿

職業：□學生 □教師 □內勤職員 □家庭主婦
□企業主管 □服務業 □製造業 □醫藥護理
□軍警 □資訊業 □銷售業務 □其他＿＿＿＿＿＿

E-mail：＿＿＿＿＿＿＿＿＿＿＿＿＿ 聯絡電話：＿＿＿＿＿＿＿＿＿＿

聯絡地址：□□□＿＿＿＿＿＿＿＿＿＿＿＿＿＿＿＿＿＿＿＿

購買書名：老街誌

・誘使您購買此書的原因?

□於＿＿＿書店尋找新知時 □看＿＿＿報時瞄到 □受海報或文案吸引

□翻閱＿＿＿雜誌時 □親朋好友拍胸脯保證 □＿＿＿電台DJ熱情推薦

□電子報的新書資訊看起來很有趣 □對晨星自然FB的分享有興趣 □瀏覽晨星網站時看到的

□其他編輯萬萬想不到的過程：＿＿＿＿＿＿＿＿＿＿＿＿＿＿＿＿＿＿

・本書中最吸引您的是哪一篇文章或哪一段話呢?＿＿＿＿＿＿＿＿＿＿＿＿

・對於本書的評分?（請填代號：1.很滿意 2.ok啦！ 3.尚可 4.需改進）

□封面設計＿＿＿ □尺寸規格＿＿＿ □版面編排＿＿＿ □字體大小＿＿＿ □內容＿＿＿ □文／譯筆＿＿＿ □其他＿＿＿

・下列出版品中，哪個題材最能引起您的興趣呢?

台灣自然圖鑑：□植物 □哺乳類 □魚類 □鳥類 □蝴蝶 □昆蟲 □爬蟲類 □其他＿＿＿
飼養&觀察：□植物 □哺乳類 □魚類 □鳥類 □蝴蝶 □昆蟲 □爬蟲類 □其他＿＿＿
台灣地圖：□自然 □昆蟲 □兩棲動物 □地形 □人文 □其他＿＿＿
自然公園：□自然文學 □環境關懷 □環境議題 □自然觀點 □人物傳記 □其他＿＿＿
生態館：□植物生態 □動物生態 □生態攝影 □地形景觀 □其他＿＿＿
台灣原住民文學：□史地 □傳記 □宗教祭典 □文化 □傳說 □音樂 □其他＿＿＿
自然生活家：□自然風DIY手作 □登山 □園藝 □觀星 □其他＿＿＿

・除上述系列外，您還希望編輯們規畫哪些和自然人文題材有關的書籍呢?＿＿＿＿＿＿
・您最常到哪個通路購買書籍呢? □博客來 □誠品書店 □金石堂 □其他

很高興您選擇了晨星出版社，陪伴您一同享受閱讀及學習的樂趣。只要您將此回函郵寄回本社，我們將不定期提供最新的出版及優惠訊息給您，謝謝！
若行有餘力，也請不吝賜教，好讓我們可以出版更多更好的書！

・其他意見：＿＿＿＿＿＿＿＿＿＿＿＿＿＿＿＿＿＿＿＿＿＿

晨星出版有限公司 編輯群，感謝您！

407

台中市工業區30路1號

晨星出版有限公司

請沿虛線摺下裝訂，謝謝！

填問卷，送好禮：

凡填妥問卷後寄回，只要附上60元郵票（工本費），
我們即贈送好書禮：

「島嶼妖怪明信片」兩套八張(八款)

晨星自然

天文、動物、植物、登山、生態攝影、自然風DIY……各種最新最夯的自然大小事，盡在「晨星自然」臉書，快點加入吧！

搜尋／ 晨星圖解台灣

台灣文化大小事，以圖解與視覺方式精采呈現
邀請您加入臉書行列